IONTAIS NA hÉIREANN

le
SÉAMAS Ó MAITIÚ

Léaráidí le
PIETER SLUIS

AN GÚM
Baile Átha Cliath

ISBN 1-85791-173-3

Arna chlóchur ag Printset and Design Tta
Arna chlóbhualadh ag Criterion Press Tta
Arna fhoilsiú ag An Gúm

Le ceannach ón
Oifig Dhíolta Foilseachán Rialtais,
Sráid Theach Laighean,
Baile Átha Cliath 2,
nó ó dhíoltóirí leabhar.

Orduithe tríd an bpost ó
Rannóg na bhFoilseachán,
Oifig an tSoláthair,
4-5 Bóthar Fhearchair,
Baile Átha Cliath 2.

AN GÚM, 44, Sráid Uí Chonaill Uacht., Baile Átha Cliath 1.

Clár

Long an tSaibhris

pedestrians Is beag de na *coisithe* a bhíonn ag dul thar bráid a bhreathnaíonn suas ar an leacht greanta cloiche ar an mballa taobh le háras nua Bhanc Ceannais na hÉireann i Sráid an Dáma, Baile Átha Cliath. Long mhaorga faoi thrí chrann seoil a léirítear agus dóibh siúd a thuigeann an scéal a bhaineann léi meabhraíonn sí dóibh eachtra a tharla ar an bhfarraige mhór a d'fhág a rian ar lucht gnó Bhaile Átha Cliath go dtí an lá atá inniu ann.

Ach le tosú ag an tús ní mór dul siar go dtí an bhliain 1695 nuair a chroch an long armtha, an 'Ouzel', a seolta agus d'fhág cuan Bhaile Átha Cliath ar a bealach go dtí Smyrna sa Mheánoirthear. Ba bhreá an radharc í an 'Ouzel' faoina trí chrann agus í ag seoladh amach béal na Life go maorga, í gafa gléasta go críochnúil.

D'fhéach Eoghan Massey chuige gurbh amhlaidh a bheadh. Ba í an 'Ouzel' an chéad long a raibh sé ina chaptaen uirthi agus ba é seo a chéad turas agus bhí a indentures *dhintiúir* ag brath air. Bhí gach uile rud de réir a thola aige, cóir mhaith gaoithe aige, an criú díograiseach, agus iad ag tarraingt ar an bhfarraige mhór.

Chomáin siad leo ar bharr na dtonn go dtí gur shroich siad Bá na Bioscáine. Bhí de mhí-ádh ar an gcaptaen cóir gur buaileadh deichniúr dá chriú tinn ansin agus ní raibh aon dul as aige ach iad a chur i dtír.

Bhí Massey i bponc ansin. An bhfanfadh sé go dtiocfadh improvement *biseach* ar na hothair nó an rachadh sé ar aghaidh le deichniúr a d'fhostódh sé ina n-ionad? Mairnéalaigh den scoth a bhí sna hothair ach ar an taobh eile den scéal cá bhfios cé chomh fada is a bheadh a mbreoiteacht orthu?

4

Gan a thuilleadh moille d'fhostaigh sé deichniúr Múrach agus chuir chun farraige arís.

'Seol taobh thiar dínn!' a ghlaoigh an fear faire in ard a chinn is a ghutha go moch an mhaidin dár gcionn. D'fhéach Massey go géar ar an long strainséartha trína *leathspéacla* ach ní fhéadfadh sé aon chomhartha sóirt dá cuid a dhéanamh amach.

Deich nóiméad ina dhiaidh sin ní raibh aon amhras air. Bhí an long bheag mhear ag tarraingt orthu agus a meirge le sonrú – meirge foghlaithe mara! Ní túisce an focal tugtha ag Massey dá chriú a gcuid arm a chur i dtreo ná chuala sé *shout* an *liú* a chuireann scéin i gcroí gach captaein loinge: 'Dóiteán! Dóiteán ar bord loinge!'

Chomh maith le huafás bhí iontas ar Mhassey, mar bhí sé deimhin de nár chuala sé aon urchar á scaoileadh ag an namhaid. Tamall gearr tar éis dó a ordú an tine a throid is ea a thuig sé an scéal i gceart. Bhí rud eile a bhí níos baolaí i bhfad ar siúl. Bhí na Múraigh ina seasamh i lár na loinge agus iad ag cabhrú go fealltach leis na foghlaithe.

Thit an crann tosaigh go gearr ina dhiaidh sin. Uaidh sin amach bhí an cath buaite ag na foghlaithe. In ainneoin gur throid na hÉireannaigh go cróga gabhadh iad.

Chuaigh long na bhfoghlaithe go tóin poill ach bhí *hold* Massey agus a chriú i m*bolg* an 'Ouzel' faoi sin. Sheol na foghlaithe an 'Ouzel' go dtí an Afraic Thuaidh agus caitheadh na hÉireannaigh i bpríosún.

Fágadh ansin iad agus bhí an chuma ar an scéal gur cailleadh an eochair. Fad a bhí siad i bpríosún mar sin bhain na Múraigh feidhm éifeachtach as an 'Ouzel' agus iad ag creachadh rompu ar an bhfarraige mhór. Ba mhinic a bolg mór lán de shaibhreas an tsaoil ó gach cearn den domhan.

Níor fágadh ach rud amháin ag Massey agus a fhoireann – b'in neart ama – agus bhain siad feidhm mhaith as sin lena phleanáil conas éalú. Ar deireadh fuair siad an deis a bhí uathu.

Oíche dhorcha amháin nuair a bhí na Múraigh *ar an* *on the booze* *drabhlás* chuir na hÉireannaigh a bplean seancheaptha i bhfeidhm. Faoi choim na hoíche d'éalaigh siad agus rinne siad caol díreach ar an áit a raibh an 'Ouzel' *feistithe*. *moored* Chuaigh siad ar bord agus ba ghearr an mhoill orthu seoladh chun farraige. Bhí siad cúpla míle amach ar an bhfarraige mhór sular lig siad dóibh féin anáil a tharraingt. Tamall éigin ina dhiaidh sin sheol an 'Ouzel' suas béal na Life. Fómhar na bliana 1700 a bhí ann, cúig bliana go díreach ó d'fhág siad a mbaile dúchais.

Ach ní raibh an scéal thart fós. Fad is a bhí an 'Ouzel' ag treabhadh na dtonn faoi mheirge na bhfoghlaithe bhí sí ina hábhar mór conspóide i mBaile Átha Cliath. An íocfaí cúiteamh árachais leo siúd a bhí thíos leis an gcaill? Bhí an comhlacht árachais ag iarraidh a gcuid airgid a choinneáil acu féin agus lucht gnó ag éileamh íocaíochta. Nuair a bhí na fadhbanna casta sin réitithe d'fhill an long gan choinne!

Ansin bhí fadhb eile le réiteach – fadhb thaitneamhach. Níorbh fhada Massey i seilbh a loinge arís nuair a fuair sé amach go raibh a bolg lán de *chreach* luachmhar. Céard a *booty* dhéanfaí léi? Tar éis a lán achrainn socraíodh go mbainfí úsáid aisti le ciste a chur ar bun chun cabhrú le lucht gnó a bhí tar éis titim i ngátar.

Cuireadh cumann ar bun, Cumann an 'Ouzel', chun an ciste a reáchtáil agus le himeacht aimsire rinneadh Cumann Lucht Tráchtála Bhaile Átha Cliath as, atá ann go dtí an lá inniu. Nochtadh an leacht i Sráid an Dáma, ar a bhfuil an 'Ouzel' greanta, sa bhliain 1799.

An bhfaca tú do Vailintín?

An bhfuair tú mórán acu anuraidh? An raibh fear an phoist ag lúbadh faoina ualach agus é ag déanamh ar do theach? Cé mhéad díobh a sheol tú féin? Má deirim gurb é mí Feabhra atá i gceist agam cad eile a bheadh ar m'aigne ach cártaí Vailintín!

lovers N'fheadar an bhfuil a fhios ag mórán de na mílte *leannán* a bhíonn ag cur cártaí chun a chéile go bhfuil an fear a thugann a ainm don chraic seo go léir ina luí ar altóir i mBaile Átha Cliath agus gur ann a bheidh, is dócha, go Lá Philib an Chleite? Agus is é is aistí faoi ar fad nach raibh aon bhaint aige le hÉirinn – ná, chomh fada agus is eol dúinn, le cúrsaí grá!

Whitefriar Street Má bhuaileann tú isteach i séipéal na gCairmilíteach i *Sráid na mBráthar mBán*, Baile Átha Cliath, tiocfaidh tú, ar thaobh na láimhe deise, ar altóir a bhfuil bosca greanta leagtha fúithi. Fógraíonn an pláta atá greamaithe den bhosca gurb é corp an mhairtírigh Naomh Vailintín atá ann, chomh maith le soitheach beag ina bhfuil rian dá chuid fola smeartha.

Conas a tharlaíonn an corp seo a bheith i mBaile Átha Cliath? Le teacht ar fhreagra na ceiste sin caithfimid dul siar breis is 150 bliain. Ba é an tAthair John Spratt a thóg an séipéal atá ann anois i Sráid na mBráthar mBán. Rinne an sagart naofa sin obair mhór i measc na mbocht i mBaile Átha Cliath. Bhí lucht oibre na cathrach an-tugtha don ól ag an am agus nuair a chuir an tAthair Maitiú a fheachtas *pillar of support* in aghaidh alcóil ar bun ba é an tAthair Spratt an *crann taca* ba láidre aige i mBaile Átha Cliath.

8

Shroich scéalta faoin saothar mór a bhí déanta aige chun moráltacht na cosmhuintire i mBaile Átha Cliath a fheabhsú, shroich siad Cúirt an Phápa sa Róimh, agus nuair a thug an tAthair Spratt cuairt ar an gCathair Shíoraí sa bhliain 1835 bhí bronntanas ag an bPápa dó.

Ba é sin corp Naomh Vailintín agus rian dá chuid fola. Tógadh an corp as reilig Naomh Hippolytus ar an Via Tiburtina, bóthar ársa in aice na Róimhe, agus thug an tAthair Spratt leis go Baile Átha Cliath é sa bhliain 1836.

Iompraíodh na *taisí* isteach i séipéal Shráid na mBráthar mBán faoi ardghradam i láthair Ardeaspag na cathrach ar an 10ú Samhain den bhliain sin.

remains

9

Is beag ar fad an t-eolas atá againn ar an naomh féin seachas gur sagart a bhí ann sa Róimh tráth a raibh ciapadh á dhéanamh ar na Críostaithe. Cuireadh sa phríosún é sa bhliain A.D. 269 agus dícheannadh ina mhairtíreach é ar an 14ú Feabhra 290.

Agus céard faoi chúrsaí grá? Is léir go raibh grá mór aige do Dhia, ach ní fios ar ghráigh sé bean riamh ina shaol. Is é dáta a lá féile, 14 Feabhra, an *leide* is fearr atá againn chun teacht ar réiteach na ceiste. Ó aimsir na Sean-Rómhánach bhí sé de nós ag leannáin a ngrá a chur in iúl trí bhronntanais a thabhairt dá chéile i lár mhí Feabhra – tús an Earraigh.

Creideadh sa mheánaois go dtosaíodh séasúr cúplála na n-éan ar an 14ú Feabhra. Níos déanaí thosaigh daoine ag seoladh cártaí chuig a chéile ar an dáta céanna agus le spreagadh nach beag ó na comhlachtaí cártaí tá sé sin ina nós ar fud an domhain anois, i dtíortha an Bhéarla go háirithe.

Go dtí 100 bliain ó shin in Éirinn bhíodh sé de nós ag cleasaithe an bhaile magadh a dhéanamh faoi aon duine inphósta, óg nó aosta, nach mbíodh imithe faoin gcuing i dtús an Earraigh. Céadaoin an Luaithrigh, tús an Charghais, an sprioclá a bhíodh acu don phósadh agus aon duine a bhíodh *faillitheach* sa ghnó ba dó ba mheasa.

I gCúige Mumhan agus i ndeisceart Laighean bhí sé de nós ag na *háilteoirí* teacht aniar aduaidh ar na baitsiléirí agus marc a chur ar a ndroim le cailc agus ceap magaidh a dhéanamh díobh i ngan fhios dóibh os comhair an phobail. Bhí sé de nós dul thar fóir in áiteanna agus *breasal*, lena marcáiltí caoirigh, a úsáid.

Bhí nós eile forleathan i gCúige Mumhan. Ní cheadaítí pósadh sa Charghas agus daoine a mbíodh rún acu 'an tsnaidhm a cheangal' ba ghnách leo é sin a dhéanamh i

clue

negligent

tricksters

raddle

gcaitheamh na hInide, is é sin, sa tréimhse roimh Chéadaoin an Luaithrigh. Ach bhí seantraidisiún ann go gceiliúirtí an Cháisc, agus mar sin an Carghas, níos déanaí sa bhliain ar an Sceilg Mhór, láthair manach fadó. 'An bhfuil tú ag triall ar an Sceilg?' nó 'An bhfuil do thicéad faighte agat fós?' an bhleid *fhonóideach* a chuirtí ar mocking na seanmhaighdeanacha agus ar na baitsiléirí in áiteanna. Ach is é Naomh Vailintín a rialaíonn cúrsaí grá sa lá atá inniu ann. Gach bliain ar an 14ú Feabhra iompraítear an cóifrín ina bhfuil a chorp agus leagtar ar an bpríomhaltóir i Sráid na mBráthar mBán é agus léitear Aifreann speisialta ar son daoine óga. Is iomaí paidir a chuirtear suas chuig Vailintín á iarraidh air go mbláthódh an grá idir bheirt leannán. N'fheadar cad a cheapann sé féin den rud ar fad?

An áit is dorcha in Éirinn

surface Tá an Mamat ina steillbheatha agus ag siúl ar *dhromchla* an domhain arís! Fantaisíocht? B'fhéidir nach ea. Tá sé tuairim is 10,000 bliain ó shin ó d'imigh an mamat i léig ach leis an dul chun cinn atá déanta ag eolaithe i réimse na biththeicneolaíochta le déanaí níl sé thar theorainn na samhlaíochta go bhfeicfí arís é.

body-hair Ainmhí a raibh a lán *fionnaidh* air a bhí sa mhamat. Mhair sé sa timpeallacht fhuar a bhí ann díreach ag deireadh na hOighearaoise. Ní fios go cruinn cén fáth ar imigh sé in éag. Feabhas ar an aimsir a chuir deireadh leis an saghas fásra a d'itheadh sé, b'fhéidir, nó seans go ndearna daoine slad air agus an cine daonna ag leathnú amach ar fud an domhain ag an am.

Tharla sé, áfach, go raibh an mamat ag maireachtáil i limistéir ar nós na Sibéire a d'fhan an-fhuar go dtí deireadh na hOighearaoise. Nuair a d'éagadh mamat sna háiteanna sin chlúdaítí le sneachta agus reoití é. In áiteanna eile níl fágtha againn den mhamat ach cnámha ach sna ceantair fhuara d'fhan idir fheoil reoite agus chnámha ann.

freezer Ar nós na feola a bheadh i do *reoiteoir* sa bhaile agat d'fhan feoil seo an mhamait úr. Istigh san fheoil agus sna cnámha fanann beo i gcónaí an t-ábhar ar a dtugann eolaithe DNA. Is féidir an DNA a chur i gcomparáid le plean ina mbíonn leagan amach na beatha nua ó ghlúin go glúin, agus creideann roinnt eolaithe go mbeifear in ann ainmhithe iomlána a thógáil as an nua sa todhchaí.

Cheana féin tá sé ar chumas na n-eolaithe DNA ó dhá phlanda a mheascadh le beatha eile agus dúil aisteach nua a chumadh. Lacha, mar shampla, a mbeadh blas anlainn

12

oráiste ar a cuid feola, nó bláth a bheadh in ann an nimh ó
chealg beiche a chur in aon fheithid a bhainfeadh leis. Ní
trí phróiseas tionsclaíochta a fhaightear an toradh seo;
cuirtear an DNA isteach sna géinte. Ní maith lena lán
daoine an cur isteach seo ar an dúlra ach tá sé ar ár gcumas
é a dhéanamh agus tá comhlachtaí in iomaíocht lena chéile
ag iarraidh paitinní a bhaint amach ar ainmhithe nua.

Seans maith nach bhfeicfimid mamait in Éirinn go deo
arís ach bhí siad ann tráth, agus a gcnámha mar fhianaise
againn. Thángthas orthu i roinnt áiteanna in Éirinn, Pluais

Sheandúin, míle slí taobh amuigh de Dhún Garbhán i gContae Phort Láirge, mar shampla. Conas a tháinig na hainmhithe ollmhóra seo go hÉirinn? Ní foláir nó shiúil siad! I dtús agus i ndeireadh na noighearaoiseanna bhíodh *cúinsí* fabhracha ann do thuras dá leithéid. Saghas rása a bhíodh ann. Bhíodh na hoighearshruthanna móra ag leá agus an talamh ag nochtadh. Shantaíodh plandaí agus ainmhithe an talamh seo nár briseadh riamh, ach ba ghá brostú mar bheadh na farraigí ag ardú agus ba ghearr go gclúdófaí na droichid talún idir Éire, Sasana agus an Mór-Roinn.

Chomh maith leis sin, de bharr gur ina tús nó ag teacht chun deiridh a bhíodh an Oighearaois ní bhíodh an talamh go léir faoi oighear agus bheadh bia ar fáil do na mamait.

Chomh maith le hiarsmaí an mhamait fuarthas i bPluais Sheandúin cnámha ainmhithe eile nach maireann in Éirinn anois ach a mhair inti anallód, ina measc an béar, an réinfhia agus an mac tíre.

Ach más spéis leat seanchnámha agus mistéirí is í an phluais sa Dún Mór i gCo. Chill Chainnigh an áit duitse. Pluais cháiliúil í seo agus luaitear í sa tseanlitríocht faoin ainm Dearc Fhearna, ceann de na trí háiteanna ba dhorcha in Éirinn. I scéal amháin deirtear go raibh cat ollmhór a raibh an t-ainm 'Luchthiarna' air ag maireachtáil inti.

Ach tá an scéal is spéisiúla agus is uafásaí faoi Dhearc Fhearna le fáil in Annála Ríochta Éireann. Sa bhliain 928 A.D. deir na hAnnála gur ionsaigh Dutfrith, mac Íomhair, chomh maith le Gaill Átha Cliath, an phluais, gur scrios siad í agus go ndearna siad slad ann. Maraíodh míle duine.

Aimsíodh cnámha 44 duine ar a laghad sa phluais. Bhain na cnámha le 19 nduine fásta agus 25 páiste, 13 díobh faoi 16 bliana d'aois. Thabharfadh sé sin le fios gur deineadh slad sa phluais am éigin.

14

Bheadh sé deacair pluais a scriosadh, mar sin ceapann staraithe gurb é atá i gceist sna hAnnála gur scriosadh ceann de na rátha nó de na dúnta i gceantar Dhearc Fhearna agus go ndeachaigh mná agus páistí i bhfolach sa phluais, mar ar tháinig na Lochlannaigh orthu. Tá na cnámha againn mar theist ar ar tharla ina dhiaidh sin.

Chomh maith leis na cnámha aimsíodh cnuasach spéisiúil de bhoinn airgid sa phluais sa Dún Mór. Deich mbonn airgid nó píosaí de bhoinn a bhí ann agus baineann siad go léir leis an tréimhse 879 A.D. go 930 A.D.

Fianaise láidir é sin freisin go raibh an ceart ag na hAnnála. Deir siad go raibh Dutfrith mar cheannaire ar an mbuíon Lochlannach agus tá a fhios againn gur cuireadh ruaig ar an duine céanna as *Eabhrac* Shasana sa bhliain 927. *York*

An comhtharlú é gur in Eabhrac thart ar an am céanna a deineadh trí cinn de na boinn a fuarthas i nDearc Fhearna agus gur bhain na trí cinn leis an tréimhse sin? Is ar éigean é.

An amhlaidh a chaill an bithiúnach de Lochlannach a chuid airgid agus a ghnó salach ar siúl aige i nduibheagán na pluaise an oiread sin blianta ó shin? Más amhlaidh, *a chonách sin air!* *serves him right*

Tá a scéalta féin le hinsint ag Pluais Sheandúin agus ag Dearc Fhearna. Scéalta báis, is fíor, ach is scéalta iad a thugann léargas dúinn ar na fórsaí, idir fhórsaí an dúlra agus fhórsaí daonna, a *mhúnlaigh* an saol in Éirinn riamh *shaped* anall agus a d'fhág againn an saghas tíre atá ann anois.

An chloch a ligeadh liú aisti!

Baineann an scéal seo le cloch. Mar is eol do chách tá neart cloch in Éirinn. Caitheann feirmeoirí a lán ama ag iarraidh fáil réidh leo as a gcuid páirceanna. Tá Conamara ina *labyrinth* *chathair ghríobháin* de bhallaí cloch agus tá Contae Chill Mhantáin go léir déanta as cloch. Ach cloch ar leith atá i gceist againn anseo. Cloch a thug ceann dá hainmneacha don tír agus don pháirtí polaitíochta is mó inti. Cloch a roghnaíodh cé a bheadh ina Ard-Rí ar Éirinn fadó. Cloch a raibh cumhacht aici! An Lia Fáil an t-ainm atá ar an gcloch seo agus tá sí ina seasamh go dtí an lá inniu i dTeamhair na Mí. De réir an tseanchais bhí an Lia Fáil ar cheann de cheithre thaisce draíochta a thug Tuatha Dé Danann go hÉirinn leo.

Bhí bua na draíochta ag Tuatha Dé Danann. Tháinig siad *eclipse* go Éirinn ar scamall ceo a chuir *urú* ar an ngrian ar feadh trí lá agus thuirling siad in iarthar na tíre.

Chomh maith leis an Lia Fáil thug siad dhá ghléas troda leo: Ga Lugha a thugadh bua d'aon duine a throideadh agus é ina lámh aige agus Claíomh Lugha nach bhféadfadh aon namhaid éalú uaidh lena bheatha. Ba é Coire an Daghdha an ceathrú taisce; shásódh sé sin ocras na sluaite agus ní thagadh aon easpa riamh air.

D'fhoghlaim Tuatha Dé Danann ceird na draíochta ar a gcuid fánaíochta dóibh i dtuaisceart an domhain. Tháinig siad go hÉirinn faoi cheannas Nuadha. Bhris siad ar na Fir Bolg, a raibh forlámhas ar an tír acu rompu, i gcath Mhaigh Tuireadh Conga. Ina dhiaidh sin bhris siad ar na Fomhóraigh i gcath Mhaigh Tuireadh na bhFomhórach.

Baineadh an lámh de Nuadha sa chéad chath acu sin ach rinneadh ceann nua dó as miotal. Tugadh Nuadha Airgeadlámh air as sin amach.

De réir an traidisiúin ba é an Lia Fáil an chloch chéanna ar leag Iacób a chloigeann uirthi sa Sean-Tiomna, nuair a bhí fís aige ina bhfaca sé na haingil ag dul suas ar neamh ar dhréimire.

Ach baineann an cháil is mó atá ar an Lia Fáil le roghnú Ard-Rí ar Éirinn. Bhí sé de nós ag an bhfear a bhíodh ag iarraidh ríocht na hÉireann a bhaint amach dó féin a chos a leagan ar an Lia agus dá mba é an duine ceart é ligeadh an chloch liú aisti; murarbh é d'fhanadh sí ina tost.

demon Deirtear i Leabhar Gabhála Éireann gur *deamhan* a bhí istigh sa Lia a ligeadh an liú, agus gur baineadh a chumhacht de nuair a rugadh Críost agus nach raibh gíog as ó shin.

An bhfuil aon bhunús leis an scéal áiféiseach seo? Dar leis an seandálaí Mac Alastair, tá. Cleachtann draoithe a gceird fós i measc na bpobal a mhaireann ina dtreibheanna go dtí an lá inniu in áiteanna san Áise agus san Astráil. I measc na n-uirlisí a mbaineann siad feidhm astu ina gcuid *bull-roarer* draíochta tá rud ar a dtugtar *Roth Rámhach*.

Bata adhmaid ceangailte de théad is ea é sin. Ar ócáidí *prophecy* speisialta, nuair a bhíonn gá le *tairngreacht* nó nuair a bhíonn buachaill á ghlacadh isteach sa chomhluadar, casann an draoi an Roth Rámhach timpeall agus timpeall os cionn a chloiginn i dtreo is go dtosaíonn sé ag crónán agus go dtagann uaill aisteach as.

Bhíodh a leithéid ag na draoithe Ceilteacha in Éirinn fadó. Thug siad Roth Rámhach air mar gur mheas siad an bata a bheith cosúil le maide rámha. Bhíodh baint aige le draíocht. Seans maith gur chuir siad ina luí ar an bpobal saonta gurbh é an Lia a bhíodh ag ligean liú.

Mar thaca leis an tuairim sin i dtaobh draíochta, is fiú a thabhairt faoi deara go mbíodh baint ag tairbh le roghnú *bull-feast* Ard-Rí na hÉireann. Chuirtí *tarbhfheis* ar siúl i dTeamhair roimh cheapadh an Ard-Rí. Ar an bhfeis sin d'ití feoil tairbh agus mar thoradh ar sin d'fheictí an té a bheadh ina Rí i bhfís go gearr ina dhiaidh sin.

Dar leis an staraí Seathrún Céitinn rug Muircheartach mac Earca an Lia leis go hAlbain nuair a rinne na Gaeil ionradh ar an tír sin agus ar deireadh shroich an Lia

mainistir i *Sgàin*, áit a n-oirnítí Rí Alban air ar feadh na Scone
gcéadta bliain. *'Cloch na Cinniúna'* a thugann na Stone of Scone
hAlbanaigh air.

Uair dá ndearna na Sasanaigh ionsaí ar Albain rug rí
Shasana, Éadbhard I, Cloch na Cinniúna leis go Londain.
Cuireadh faoi chathaoir an chorónaithe í agus oirnítear
ríthe agus banríona Shasana uirthi ó shin i leith. Bhí go leor
daoine in Albain míshásta leis sin, afách. Bhain Cloch na
Cinniúna le hAlbain ó cheart agus ba ghráin leo a
cheapadh go raibh sí i seilbh na Sasanach.

Nuair a scaip an scéal ar Lá Nollag 1950 gur goideadh
Cloch na Cinniúna as Mainistir Westminster an mhaidin
sin bhí tuairim mhaith ag daoine cé a bhí taobh thiar den
ghadaíocht dhána. Scata náisiúnaithe Albanacha a bhí
ciontach. Aimsíodh an Chloch ceithre mhí ina dhiaidh sin
agus tugadh ar ais go Sasana í.

An ionann an Lia Fáil agus Cloch na Cinniúna? Agus an
í Cloch na Cinniúna dáiríre atá faoin ríchathaoir i Mainistir
Westminster inniu?

An raibh an ceart ag Seathrún Céitinn nuair a dúirt sé
gur tugadh an Lia Fáil go hAlbain? Síltear anois nach
raibh. Ó thaobh na geolaíochta de tá Cloch na Cinniúna
déanta as gaineamhchloch bhuí den saghas a fhaightear in
Albain, agus in Albain amháin, ceaptar. Tá cloch
Teamhrach déanta as *eibhear* Éireannach. Mar sin, is féidir granite
a bheith cinnte, geall leis, gurb í an chloch atá ina seasamh
ar chnoc Teamhrach an Lia Fáil.

Maidir le Cloch na Cinniúna ceaptar in Albain go
mb'fhéidir gur bhuail na gadaithe bob ar na Sasanaigh.
Nuair a tugadh an Chloch ghoidte go hAlbain rinneadh
macasamhail di agus ba í an mhacasamhail a tugadh ar ais
do na Sasanaigh! Tá fíor-Chloch na Cinniúna fós i bhfolach
in Albain, deir siad, an tír is dual sinseartha di!

Nithe a thiteann as an spéir!

Ag tarraingt ar dheireadh na bliana 1990 bhí Cogadh na Murascaille ag bagairt. Nuair a chualathas torann mór san Atlantach amach ó chósta Árann bhíothas cinnte gur bhain sé leis an ngníomhaíocht bhreise mhíleata idir Meiriceá agus an Meánoirthear. Go deimhin bhí tuairiscí sna nuachtáin á rá gur dócha gur thit eitleán míleata de chuid na Stát san fharraige.

Thart ar an am céanna ar an taobh eile den tír, ar chósta Chill Mhantáin, chualathas torann den saghas céanna agus dhearbhaigh daoine gur mhothaigh siad an talamh ag bogadh faoina gcosa; rinne eolaithe iniúchadh ar an scéal féachaint ar tharla crith talún.

Tá a fhios againn anois, agus táthar réasúnta dearfa faoi, *fireballs* gur *caora tine* ag titim chun talún a bhí sa dá fheiniméan. Cé nach é gach oíche den tseachtain a fheictear caor thine bíonn nithe ag titim as an spéir an t-am go léir!

'Anam eile ag dul ar neamh,' a deireadh na seandaoine *darting* nuair a d'fheicidís an léas solais ag *scinneadh* trasna na spéire dorcha. Réaltaí reatha a thugtar go coitianta orthu sin, agus is dócha gur beag duine nach bhfuil ceann feicthe aige ó am go ham agus a shúil in airde ar an spéir aige, fiú amháin sa lá atá inniu ann agus iontais na firmiminte ceilte ar an oiread sin daoine ag soilse dallta na cathrach.

Cad iad na réaltaí reatha seo? Is é an chéad rud atá le rá *specks* fúthu nach réaltaí iad in aon chor ach *dúradáin* deannaigh! Ní bhíonn siad le feiceáil in aon chor ach amháin nuair a bhuaileann siad leis an atmaisféar uachtarach agus go lasann siad suas, agus go bhfágann eireaball solais ina

20

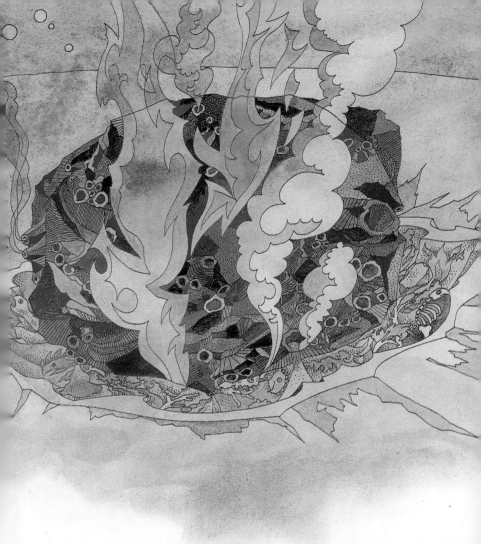

ndiaidh. Bíonn siad chomh beag sin go ndónn siad go hiomlán sula dtagann siad go talamh.

Is mó ná iad sin, áfach, na caora a thiteann le mórchuid solais agus torainn. Bíonn siad chomh mór sin nach ndónn siad go hiomlán agus titeann iarsma díobh go talamh –

dreige a thugtar air sin. Smionagar ón spás a bhíonn sna dreigí seo agus is as cloch, as miotal nó as meascán den dá rud a bhíonn siad déanta.

Tá an oiread sin farraigí agus talamh gan chónaí ar domhan go mbeadh mí-ádh mór ort dá dtitfeadh dreige anuas ort – ach d'fhéadfadh sé tarlú. Bhí bean tí i Missouri tamall de bhlianta ó shin agus í ag ligean a scíthe ar *tholg* tar éis lóin nuair a thit dreige trí dhíon an tí, phreab den raidió a bhí ina haice agus bhuail í sa chromán! I dtréimhsí áirithe den bhliain titeann ceathanna réaltaí reatha. Tarlaíonn sé sin nuair a thrasnaíonn an domhan, ina chúrsa timpeall na gréine, crios dreigí. Tá ainmneacha ag na réalteolaithe ar na ceathanna sin agus de ghnáth is amhlaidh a ainmnítear iad as an réaltbhuíon sa spéir as a bhfeictear ag teacht iad. Feictear na Peirséidí i mí Lúnasa mar shampla agus na Geiminidí i mí na Nollag.

Má bhreathnaíonn tú oíche sheaca ar an ngealach feicfidh tú *Dónall na Gealaí*. Níl ann ach cruth aghaidhe déanta as imlínte na ndreigí móra a bhuail í na milliúin bliain ó shin. Dreigí an-mhór ba ea iad sin – mionphláinéid i ndáiríre.

Bhuail a leithéidí an domhan freisin agus tá na cráitéir mhóra a rinne siad fós le feiceáil – i Meiriceá go háirithe. Thit ceann acu i Sibéir na Rúise i dtús an chéid seo agus rinne damáiste mór do stráice mór coille.

Meastar anois go mb'fhéidir gur mionphláinéad, a bhuail an domhan 65 milliún bliain ó shin, a chuir deireadh le réim na ndineasár. De réir na teoirice sin bhí oiread sin deannaigh san aer gur bacadh solas na gréine. Níor fhéad na plandaí fás d'easpa fuinnimh ón ngrian agus fágadh na dineasáir gan bhia.

Tá na saineolaithe a chreideann sa teoiric sin – níos mó agus níos mó acu in aghaidh an lae – ar a ndícheall ag iarraidh teacht ar an gcráitéar úd a d'fhág an mionphláinéad ina dhiaidh.

Tá na heolaithe i mbun cuardaigh le tamall de bhlianta anois. Tá os cionn 80 mórchráitéar ar domhan agus an iliomad ceann beag. Níl an chuid is mó acu chomh sean le 65 milliún bliain.

Tá cráitéar amháin i Yucatan, Meicsiceo, a bhfuil an-spéis ag eolaithe ann. Tá an aois cheart aige agus tá roinnt eolaithe sna Stáit deimhin de gurb é atá uathu.

Tá cuid acu freisin den tuairim go mbíonn nithe ag tarlú sa spás ó thráth go chéile, agus sin go rialta, a tharraingíonn mionphláinéid inár dtreo.

Is ag eolaí Meiriceánach darb ainm Richard Muller atá an teoiric is conspóidí ar fad. Tá oibrithe amach aige – chun a shástachta féin ar aon nós – go mbuaileann mionphláinéid an domhan gach 24 milliún bliain nó mar sin.

Is é atá á dtarraingt chugainn chomh rialta sin, dar leis, ná réalta atá ina compánach ag an ngrian seo againne.

Tá a fhios ag réalteolaithe go bhfuil a lán réaltaí dúbailte sa spás, réaltaí a bhíonn ag ciorclú a chéile de shíor.

Tá an ghrian seo againne ina leathpháirtnéir ina leithéid sin de rince, dar le Muller. Tagann ár bpáirtnéir gar dúinn gach 24 milliún bliain nó mar sin agus mionphláinéid in éindí leis. *Tuargann* a lán acu sin an domhan. Neimisis – batter réalta an bháis – a thugann Muller air.

In amanna faightear na dreigí nach ndónn san atmaisféar, agus tá bailiúcháin ann díobh sin a thit ar Éirinn. Áit amháin chun dreigí a fheiceáil ná Iarsmalann na Geolaíochta i gColáiste na Tríonóide. Is ann atá dreige Áth Dara, Co. Luimnigh, a thit gar don bhaile sin sa bhliain 1813 agus a bhfuil níos mó ná 48 cileagram ann, agus dreige Dhún Droma, a thit gar don bhaile sin i Co. Thiobraid Árann, sa bhliain 1865.

An tslí mhór thar an bportach

Portach. B'fhearr é a sheachaint. Ní fhéadfadh ach snipe *naoscaigh* maireachtáil ann, agus muna mbeifeá ar d'airdeall shlogfadh sé thú! Ach, ar an taobh eile den scéal fragrant gheofá ábhar tine ann – móin dhonn an bholaidh *chumhra* a choinneodh an dé ionat cois teallaigh oícheanta fada geimhridh.

Is dócha go raibh muintir na hÉireann riamh anall idir dhá chomhairle faoi na portaigh chéanna. Anois, agus sinn ag tarraingt ar dheireadh an fichiú haois, tá na portaigh i mbaol agus mar a tharlaíonn go minic, bíonn meas ar an rud nach dtuigtear a luach go mbíonn sé nach mór ídithe. Tá a fhios ag daoine le fada go bhfuil sé de bhua ag na portaigh gur féidir leo rudaí a chaomhnú. I gcónaí riamh deal logs dhódh daoine *cearchaillí déil* a bhíodh na céadta agus fiú na mílte bliain d'aois agus a fhaightí faoin móin, agus fir, pine bhainidís úsáid freisin as bíomaí láidre *giúise* chun tógála sna ceantair ba ghainne adhmad sa tír. Is minic a d'aimsítí im – cuid de fós inite – a bhíodh i bhfolach sa phortach leis na cianta.

Is iad na baictéir a dhéanann an dochar do nithe orgánacha ar nós adhmaid agus éadaigh. Ach in áit ar nós portaigh a bhíonn báite le huisce ní féidir leis na baictéir maireachtáil agus ní tharlaíonn aon lobhadh.

Mórán gach uile bhall éadaigh atá againn ón gcianaimsir caomhnaíodh i bportach é. Agus caomhnaíodh ciseáin, nithe a mbaintí úsáid fhorleathan astu.

Ach le tamall de bhlianta anuas, tá nithe níos spéisiúla á n-aimsiú sna portaigh. Coirp daoine sa Bhreatain agus sa

Danmhairg, chomh húr, geall leis, is a bhí siad an lá a d'éag siad. Cuid acu agus téad a gcrochta feistithe fós timpeall a muiníl. Aimsíodh an oiread sin daoine a dúnmharaíodh sa chaoi sin go bhfuil na saineolaithe ar aon intinn gur íobairtí chun na ndéithe a bhí iontu.

Anseo in Éirinn aimsíodh nithe eile a thugann léargas dúinn ar an saol a chaitheadh daoine anseo san Iarnaois, breis is dhá mhíle bliain ó shin.

I bportach sa Chorr Liath, 13 míle soir ó dheas ó bhaile an Longfoirt, aimsíodh an sampla is fearr dá bhfuarthas causeway riamh de 'shlí' thar phortach ar a dtugtar *tóchar*. Sa tseanré nuair nach raibh aon draenáil sa tír caithfidh go mbíodh sé an-deacair taisteal thar thalamh báite.

Uaireanta roghnaíodh daoine talamh ard tirim i lár portaigh mar áit chónaithe ar ndóigh. Ba dheacair dul ó cheann de na hoileáin thirime sin go ceann eile ach sháraídís an deacracht sin trí thóchar a leagan síos.

Tá an Tóchar Mór sa Chorr Liath ciliméadar ar fad agus chaomhnaigh an mhóin an t-adhmad as a bhfuil sé déanta ón uair a leagadh síos é, breis is céad bliain roimh aimsir Chríost, go dtí an lá atá inniu ann. Bíomaí darach is mó a pegs úsáideadh agus coinníodh ina n-áit iad le *sáiteáin*. Bhí cuid de na bíomaí chomh mór sin nach bhféadfadh níos lú ná seisear fear iad a iompar.

Is léir go raibh eagar ar an gcomhluadar a leag síos Tóchar na Coirre Léithe agus go ndearnadh é le haghaidh trácht rothaí, mar tá sé i bhfad rómhór le haghaidh siúl na gcos amháin. Ach ní féidir é sin a chruthú.

bridle-bit Is fíor, áfach, go bhfuarthas dhá *bhéalbhach* phráis ar aon aois leis an Tóchar Mór i Mainistir Shruthla, Co. an Longfoirt. Bheidís an-fheiliúnach le haghaidh carbaid dhá each.

alder Ach an dá roth *fearnóige* i bhfoirm dioscaí, a fuarthas i Ros Comáin, baineann siad leis an gcúigiú céad roimh Chríost, is é sin trí chéad bliain sular leagadh síos Tóchar Mór na Coirre Léithe. Ach tá fianaise ann go raibh tóchair mhóra eile ann chomh fada siar le tréimhse na rothaí sin.

Tá mistéir ag baint le húsáid rothaí sa Chorr Liath. Níl

aon rian le sonrú ar an adhmad go raibh rothaí á dtiomáint tharstu. An raibh clúdach fód anuas ar na bíomaí? Má bhí, níl aon rian de anois ann. An amhlaidh a tréigeadh an tóchar go gearr tar éis a dhéanta nó nár críochnaíodh riamh é? Mar thaca leis an tuairim nár críochnaíodh é tá stráice den tóchar i lár baill ina bhfuil na bíomaí leagtha gan ord ná eagar amhail is dá mba rud é go raibh dhá fhoireann ag obair i dtreo a chéile go dtí an lár. Cén tubaiste a thit anuas orthu nár chuir siad críoch lena n-ollsaothar? Ní fios.

Cérbh iad na daoine a thóg an Tóchar Mór? Tá fianaise ann go raibh oibreacha móra pobail ar siúl in áiteanna eile sa tír sa leath deiridh den dara céad roimh Chríost. Mar shampla tógadh teampall mór cruinn in Eamhain Mhacha ag an am sin agus tá seans maith ann go raibh dream éigin a bhí ceannasach sa tír ag iarraidh a gcumhacht a léiriú trí ollsaothair den saghas sin.

Ach an cheist is tábhachtaí ar fad faoin gCorr Liath, cá raibh an Tóchar Mór ag dul? Is léir go bhfuil sé rómhór le bheith ina bhóthar logánta ó shuíomh amháin go suíomh eile – agus ar aon nós ní bhfuarthas riamh aon láithreacha cónaithe a raibh tábhacht ag baint leo sa cheantar. An raibh aon seans ann go ndeachaidh an Tóchar Mór go Cruachain, Co. Ros Comáin, nó go hUisneach i gCo. na hIarmhí?

An amhlaidh a bhí an tóchar mar chuid de bhóthar a nasc an dá shuíomh thábhachtacha sin le chéile? Níl ann ach tuairimíocht ach tá sé deacair an pictiúr de laoch dathúil ar a charbad greanta agus é á tharraingt ag dhá each mhaorga a ruaigeadh as do cheann.

Saighdiúir ar iarraidh

'An bhfaca aon duine Drummond?'

'Drummond? Ní fhaca. Seans go bhfuil sé ar deic ag glacadh an aeir dó féin. Chuirfeadh an t-aer bréan anseo thíos fonn múisce ort.'

D'imigh an t-oifigeach beag airm i dtreo staighre cúng na loinge agus ba le deacracht a rinne sé a bhealach go dtí an deic.

Chomh luath is a shac sé a chloigeann amach faoin aer bhí fonn air é a tharraingt siar arís. Bhí gaoth fhuar ag séideadh a bhainfeadh an anáil díot agus clocha sneachta á n-iompar aici. Ba leor sracfhéachaint suas síos an deic lena thabhairt le fios dó nach raibh saighdiúir ar bith ann – rud nárbh ionadh leis agus an aimsir mar a bhí i lár Mhuir Éireann.

Síos leis an Sáirsint Elliot arís faoi dheic ag lorg a charad, Drummond. Tar éis dó uair an chloig a chaitheamh ag cuardach na loinge, a bhí lán de shaighdiúirí, ní raibh tásc ná tuairisc ar a chara.

Bhí an Sáirsint Elliot ag éirí buartha. Bhí an fharraige suaite agus an long ag luascadh. D'fhéadfadh duine titim thar bord go héasca. Chuir sé a imní in iúl do bheirt chomrádaithe eile le Drummond. Dúirt siad san leis nach bhfaca siad a gcara ó chuir siad chun farraige i Rinn na Séad, Baile Átha Cliath, go moch an mhaidin sin. Tar éis roinnt fiosruithe a dhéanamh i measc saighdiúirí eile de chuid na reisiminte bhí siad deimhin de nach ndeachaigh Drummond ar bord loinge in Éirinn. Bhí siad tar éis a gcara a fhágáil ina ndiaidh i mBaile Átha Cliath!

Dhá lá ina dhiaidh sin bhí an triúr comrádaithe ar a

mbealach ar ais go Baile Átha Cliath agus iad dúdhóite de Mhuir cháite Éireann faoin am sin. Nuair a chuaigh an reisimint i dtír i Sasana chuir na triúr saighdiúirí cás a gcarad os comhair na n-údarás airm agus fuair cead filleadh ar Bhaile Átha Cliath agus an cheist a iniúchadh.

'Drummond? Níor chuala an t-ainm á lua thart anseo. Níl aon saighdiúir de chuid bhur reisiminte fanta anseo.' Sin an freagra a fuair an triúr Sasanach nuair a chuir siad tuairisc a gcomrádaí sa bheairic i mBaile Átha Cliath inar fhan a reisimint agus iad ar dualgas in Éirinn.

'Ar an mbainis, b'in é an uair dheireanach a chonaic mise é,' a dúirt Elliot leis an mbeirt eile, agus iad ag plé na ceiste agus ag ól fuisce i dteach tábhairne ar na céanna go gearr ina dhiaidh sin. Ag tagairt do phósadh saighdiúra ón mbeairic i mBaile Átha Cliath, ag a raibh an triúr acu i láthair, a bhí sé.

D'fhéach an bheirt shaighdiúirí eile ar a chéile nuair a dúradh é sin agus dúirt siad d'aonghuth gurbh in é an ócáid dheireanach ar a bhfaca ceachtar acu féin é chomh maith.

'Ar ndóigh ní fiú ceist a chur ar aon duine againne cad a *blind drunk* d'éirigh dó i ndeireadh na hoíche mar bhíomar *dallta,'* arsa duine acu.

'Agus glacaim leis go raibh Drummond sa chaoi chéanna. B'fhéidir gur tharla rud éigin dó ar an mbealach abhaile.'

'B'fhearr dúinn filleadh ar Ardteampall Chríost i dtús báire féachaint an bhfaca aon duine ansin é.'

Chuirfeadh sé iontas ar dhuine sa lá atá inniu ann a chloisteáil go mbíodh idir phóstaí is bhainiseacha ar siúl san Ardteampall. Sa naoú haois déag agus roimhe sin *crypts* bhaintí feidhm as na *luscaí* faoin Ardteampall le haghaidh cruinnithe de gach saghas – cóisirí, cruinnithe cearrbhachais agus aontaí fiú.

Nuair a shroich an triúr saighdiúirí an tArdteampall lorg siad an cléireach. Dúirt sé nár chuimhin leis aon saighdiúir nach raibh in ann dul abhaile ar a dhá chos féin nó le cabhair comrádaí tar éis na bainise.

'An raibh aon duine thíos sna luscaí ó shin?' a d'fhiafraigh Elliot, agus léargas nua ar an gceist ag nochtadh chuige.

30

'Ní raibh,' arsa an cléireach, 'ní bheidh siad in úsáid arís go dtí amárach.'

'Síos linn mar sin,' arsa Elliot, *práinn* úr le sonrú ar a ghuth. *urgency*

'Tá neart prochóg dorcha anseo a bhféadfadh saighdiúir ar meisce dul i bhfolach iontu i ngan fhios d'aon duine,' arsa Elliot agus é ag leanacht an léis solais a chaith coinneal an chléirigh isteach i *gclúid* ghruama. *nook*

De réir mar a tharraing siad ar phrochóg amháin i dtóin an lusca d'ardaigh ar an mbíc-bíc a chéadchuala siad nuair a bhain siad amach an lusca.

A luaithe is a chas siad an cúinne baineadh siar as na saighdiúirí agus as an gcléireach. Stán siad le huafás. Faoi sholas na coinnle bhí creatlach – creatlach saighdiúra gan amhras, mar bhí cúpla giobal dá éide fós le feiceáil agus líon iomlán na gcnaipí a bhain le reisimint Elliot. Bhí gach orlach d'fheoil Drummond ite ag na francaigh.

Ní hé Drummond an t-aon ní beo ar tháinig droch-chríoch air san Ardteampall i gcaitheamh na gcéadta. D'imigh cat santach isteach i mbolg orgáin tráth agus é ar thóir francaigh. Dá dhlúithe a theann an cat chuige is ea is faide a chúlaigh an francach isteach i gcúinne. Bhí a fhios aige nach raibh éalú in ann dó ansin agus meastar go bhfuair sé bás den *scéin* – é sin nó ghreamaigh a eireaball. *terror* Ní raibh aon mhaitheas ann don chat, áfach. Bhí seisean greamaithe cinnte.

Agus an seanorgán á thógáil as a chéile blianta ina dhiaidh sin thángthas orthu ina mumaithe. Tá siad ar taispeáint sa lusca go dtí an lá inniu.

Má thugann tú cuairt ar luscaí Ardteampall Chríost inseofar duit faoi dhroch-chríoch Drummond sa bhliain 1824, ach déan deimhin de go bhfágann tú sula ndúntar an doras don oíche!

Leiviatan Pharsonstown

Má theastaíonn uait do shúil a chur leis na teileascóip is cumhachtaí ar domhan agus spléachadh a fháil ar iontais na Cruinne, ní mór dul go Sliabh Palomar, i gCalifornia, mar a bhfuil teileascóp mór Hale, nó go Sliabh Mauna Kea in Haváí, go dtí an Keck a bhfuil a scáthán 33 troithe trasna.

Ach idir na blianta 1845 agus 1917 is i mbaile beag, Biorra, Co. Uíbh Fhailí, i lár na hÉireann, a bhí an teileascóp ba mhó ar domhan. Bhí an uirlis chomh mór sin gur tugadh 'Leiviatan Pharsonstown' mar leasainm air; Parsonstown an t-ainm a bhí ar an mbaile ag an am.

Duine de mhuintir Pharsons, an teaghlach a thug a ainm don bhaile, a thóg an teileascóp mór. Ba é sin William Parsons, 3ú hIarla Rosa, duine de na heolaithe ba mhó le rá ag an am.

Tar éis dó a chuid oideachais a fháil sa bhaile ó oidí, i gColáiste na Tríonóide, agus in Oxford, d'fhill William ar a bhaile dúchais agus thosaigh ag baint feidhme as a cháilíochtaí sa mhatamaitic i réimse na réalteolaíochta.

Tar éis dó cúpla teileascóp beag a dhéanamh chuir an tIarla roimhe teileascóp millteanach mór a thógáil, uirlis nach bhfacthas a leithéid riamh roimhe sin.

B'ollmhór an tasc a chuir sé roimhe. Scáthán sé troithe trasna a bhí uaidh a chruinneodh méid mór solais ón bhfirmimint. Bhí an scáthán seo suite i bpíobán 58 dtroithe ar fad agus é go léir curtha i bhfearas i dtreo is go bhféadfaí é a ardú suas le díriú ar an spéir.

Rinneadh an obair go léir faoi cheannas an Iarla. Bhain sé úsáid as siúinéirí agus gaibhne dubha ón gceantar chun

an obair go léir a dhéanamh. Ba é déanamh an scátháin an tasc ba dheacra. As miotal a bhí sé déanta agus teilgeadh é i bhfoirnéis a théití le móin as portaigh an Iarla féin.

Nuair a bhí an scáthán mór déanta fágadh é le fuarú ach, *monuar*, fuaradh taobh amháin de níos tapúla ná an taobh eile agus scoilt sé! Níor chuir sé sin lá mairge ar an Iarla agus chuir sé ceann eile á dhéanamh gan mhoill.

alas!

Bhí an Leiviatan in ann breathnú níos faide amach sa spás ná aon teileascóp roimhe. Dá bharr sin bhí sé an-fheiliúnach chun staidéar a dhéanamh ar nithe i bhfad níos faide uainn ná na pláinéid i gCóras na Gréine s'againne agus ná na réaltaí is gaire dúinn.

Le fada an lá bhí réalteolaithe fiosrach faoi néalta doiléire solais i bhfad amach sa spás ar ar thug siad *réaltnéalta*. Tríd an teileascóp mór ba léir gur chnuasaigh de réaltaí a bhí i gcuid acu seo agus gur saghas oileán iad a bhí neamhspleách ar Bhealach na Bó Finne ina mairimidne. Ar feadh na mblianta ba é Biorra an t-aon áit amháin ar domhan leis na hiontais sin a fheiceáil.

nebulae

Bhí eolaithe ann an uair sin nár chreid go bhféadfadh aon mhaith ó thaobh na heolaíochta de teacht as áit ar nós Bhiorra, agus a bhíodh de shíor ag díspeagadh theileascóp an Iarla. Ní fhéadfadh aon fhear amháin, gan de chabhair aige ach fir oibre a d'oil sé féin, aon taighde fiúntach a dhéanamh.

warp

Bhí Biorra chomh tais sin, a dúirt siad, go *stangfaí* an scáthán agus dá bharr sin bhí an tIarla ag feiceáil rudaí nach raibh ann in aon chor!

Rinne an tIarla pictiúir de chruth na n-oileán úd le dath bán ar pháipéar dubh. Nuair a rinne an réalteolaí cáiliúil, Patrick Moore, staidéar ar léaráidí an Iarla b'ionadh leis cé chomh dílis is a bhí siad do na grianghraif ba dhéanaí a tógadh.

Lean an tIarla den obair sin oíche i ndiaidh oíche go dtí gur theip ar a shláinte. Ní mór cuimhneamh gur amuigh *faoi shíon* is faoi shioc, seasca troigh suas san aer, ag gloine radhairc an teileascóip, a rinneadh an grinniú go léir.

in bad weather

Nuair a smaoinítear gurb iad oícheanta fuara seaca an gheimhridh na hócáidí is fearr le breathnú ar an spéir tuigtear nach gan íobairtí pearsanta a rinne Iarla Rosa dul chun cinn san eolaíocht.

Bhí d'ádh ar an Iarla go raibh mac aige a raibh spéis aige sa réalteolas agus nuair a fuair sé bás sa bhliain 1867 lean a mhac, Laurence, an 4ú hIarla, den obair eolaíochta leis an Leiviatan.

Ba é an t-éacht ba mhó a rinne an 4ú hIarla ná teas na gréine a thomhas go beacht. Bhí go leor dá chomheolaithe amhrasach faoi, ach tuigtear anois ó na huirlisí is nua-aoisí dá bhfuil ann go raibh sé cruinn ceart.

Fuair an ceathrú hIarla bás i 1908 agus ba bheag an úsáid a baineadh as an teileascóp mór ina dhiaidh sin. Bhí comharthaí aoise agus aimsire le sonrú air agus bhí teileascóip nua-aoiseacha i Meiriceá ag teacht chun cinn ina áit. Chuir an chéad chogadh domhanda agus Cogadh na Saoirse caidhp an bháis ar staidéar na réaltaí i mBiorra. Tá an réalteolas beo beathach in Éirinn sa lá atá inniu ann. In Ard Macha tá ceann de na réadlanna is mó cáil san Eoraip agus cúpla bliain ó shin osclaíodh an chéad phláinéadlann sna Sé Chontae Fichead i Scoil Mhuire, Co. Chorcaí.

Is féidir píobán mór an Leiviatan a fheiceáil fós ina luí i gCaisleán Bhiorra. Ach ní fada a bheidh sé ina luí ansin má éiríonn le pleananna an 6ú hIarla atá ina chónaí i mBiorra faoi láthair. Ba mhaith leis an teileascóp mór a dheisiú agus a chur i bhfearas mar chuid d'iarsmalann Chaisleán Bhiorra, le go bhfeicfeadh an pobal an chaoi ar oibrigh sé agus é i mbarr a mhaitheasa. Sin an onóir is fearr a d'fhéadfaí a thabhairt do shaothar éachtach eolaíochta 3ú hIarla agus 4ú hIarla Rosa.

Cuileog, dar fia!

'A dhiabhail!!' arsa an fear óg, ag léim as a chathaoir ar dheic na loinge agus ag baint rud éigin go cúramach dá chraiceann. 'Cuileog, dar fia, agus ceann spéisiúil freisin – ní dóigh liom go bhfuil sampla de i mo chnuasach.' Leis sin thóg sé próca beag as a phóca agus leag sé an fheithid mhí-ámharach go cúramach ann.

Ba é ainm na loinge sin 'H.M.S. Beagle' agus ba é Charles Darwin an fear óg – duine de na heolaithe ba cháiliúla dar mhair riamh. Céad a caoga bliain ina dhiaidh sin bhí mise i láthair i Músaem an Dúlra i Sráid Mhuirfean i mBaile Átha Cliath nuair a d'oscail fear tarraiceán agus b'iúd os mo chomhair cnuasach d'fheithidí Darwin, an chuileog shantach ina measc.

Saineolaí ar fheithidí é Stiúrthóir an Mhúsaeim agus bhí a shúile siúd ar lasadh le háthas agus é ag tarraingt amach tarraiceáin i ndiaidh tarraiceáin lán d'fheithidí de gach saghas. Mhínigh sé dom gur 'típeanna' a bhí ina lán acu, is é sin, an sampla lena gcuirtear gach aon sampla eile dá chineál a fhaightear ar fud an domhain i gcomparáid.

Go dtí seo tá eolas againn ar thart ar mhilliún speiceas feithidí. Meastar go bhféadfadh an oiread céanna eile a bheith ann. Is mó sin ná líon speiceas na n-ainmhithe eile go léir curtha le chéile. Maireann siad i ngach saghas gnáthóige, taobh amuigh de na limistéir Artacha agus den fharraige mhór.

Tá líon na bhfeithidí i roinnt gnáthóg dochreidte: d'fhéadfadh suas le 10 milliún a bheith i nead seangán bán agus 50 míle a bheith i gcoirceog bheach.

Bhí tionchar mór ag feithidí ar shaol daoine i gcónaí

riamh. Scaipeann siad a lán galar, maláire mar shampla, agus scriosann siad a lán barr agus torthaí ar fud an domhain gach bliain. Ar an taobh eile den scéal, murach beacha, féileacáin agus fiú cuileoga ní dhéanfaí pailniú ar bhlátha ná ar bharra.

Tá a lán scéalta i dtaobh feithidí i mbéaloideas na hÉireann. Baineann na scéalta sin le cuileanna, le beacha, le *deargadaoil*, agus fiú amháin le damháin alla. Is i mbeathaí na naomh Éireannach atá a lán acu le fáil. *Piseoga* is ea a lán eile díobh.

Is beag spéis a chuirtear i bhfeithidí, áfach, go coitianta.

devil's coach-horse

superstitions

37

Tá na milliúin daoine ar fud an domhain a chaitheann a lán ama agus airgid ag breathnú ar éin, ach is beag duine a mhaíonn leat go dtéann sé ag breathnú ar fheithidí mar chaitheamh aimsire.

Ba léir an brón i súile an stiúrthóra nuair a tharraing sé amach tarraiceán lán de na féileacáin ab áille dá bhfaca mé riamh. 'Is maith an rud iad seo a bheith againn,' ar sé, 'mar tá na háiteanna ina maireann siad, na foraoisí báistí, mar shampla, faoi ionsaí agus ní fada eile a bheidh cuid acu ann.'

Fear gnóthach é an stiúrthóir mar, chomh maith leis na taispeántais féin a reáchtáil, bíonn air, in éindí lena fhoireann cúntóirí, leathdhosaen nó mar sin, a lán oibre eile a dhéanamh. Cabhrú le heolaithe a scríobhann chucu nó a thagann chucu ó gach cearn den domhan, mar shampla.

Cuireann an gnáthphobal earraí idir bheo agus mharbh chucu lena dtuairim a thabhairt orthu agus ní mór dóibh freagra a thabhairt ar gach uile cheann de na fiosruithe sin. Is ait iad in amanna. Cuireadh sampla de chiaróga aisteacha chucu tamall de bhlianta ó shin; bhí siad ag maireachtáil agus cinn óga á dtógáil acu i mbeartán a fuarthas san oifig shórtála i mBaile Átha Cliath. Is éard a bhí sa bheartán ná roinnt iasc a bhí ar a mbealach ó Hong Cong go bialann Shíneach sa chathair! Bhí na ciaróga ag neadú iontu agus ba é sin an chéad uair a fuarthas ciaróg dá leithéid in Éirinn.

Bhí spéis thar na bearta ag Darwin i gciaróga nuair a bhí sé ina fhear óg. Lá amháin bhí sé á gcuardach i gcoill. *old bark* D'fheann sé *seanchoirt* de chrann agus chonaic dhá chiaróg neamhchoitianta fúithi. Rug sé orthu go cúramach, ceann i *scarce* ngach lámh. Ansin chonaic sé ceann eile chomh *tearc* leis an bpéire a bhí aige. I bpreabadh na súl shac sé ceann díobh sin a bhí ina lámha aige isteach ina bhéal agus rug sé ar an gceann a bhí ar an gcrann. Sa dóigh sin a thug sé abhaile iad!

Ba é Darwin, ar ndóigh, agus fear mór ciaróg eile, Alfred Russel Wallace, an bheirt a chuir chun cinn an teoiric gur tháinig cineálacha ainmhithe ann trí *éabhlóid* óna chéile. *evolution* D'athraigh an teoiric sin an chaoi a mbreathnaíonn an cine daonna ar an dúlra agus ar ár n-ionad féin ann.

Bhí meas ar an dúlra ag na Gaeil i gcónaí riamh. D'fhéach siad ar an dúlra, agus orthu féin freisin, mar chuid den Chruinne a chruthaigh Dia. Ní raibh an meas sin ar an dúlra ag ciníocha eile, ar ndóigh, agus mheas daoine go bhféadfaidís a rogha rud a dhéanamh leis an domhan. Slad, díobhadh speiceas agus truailliú ba thoradh air sin.

Ainmhithe uirísle inár súile-ne iad ciaróga ach tá 300,000 cineál díobh ann a bhfuil eolas againn orthu. Fiafraíodh de bhitheolaí mór le rá uair amháin cad a bhí foghlamtha aige ón saol fada a bhí caite aige ag déanamh staidéir ar an dúlra. 'An grá ar leith a chaithfeadh a bheith ag Dia do chiaróga!' a dúirt sé.

Ceann de na hainmhithe is rathúla dá bhfuil ann í an chiaróg agus tá tuairim agam go mbeidh siad ag tochailt leo ar domhan i bhfad tar éis don chine daonna a bheith imithe go deo. Má theastaíonn uait eolas a chur orthu iompaigh cloch nó tabhair cuairt ar Mhúsaem an Dúlra.

Chroith mé lámh leis na mairbh!

Thóg mé lámh chrónbhuí an tsaighdiúra i mo lámhsa agus thug mé croitheadh láidir croíúil di – beirt sheanchomrádaithe ag casadh ar a chéile tar éis a bheith scartha leis na blianta, a cheapfadh an té a d'fheicfeadh sinn.

Bhreathnaigh mé isteach ina shúile. A Thiarna, ní raibh *toothless grin* aon súile aige! Ní raibh le feiceáil ach *draid mhantach* sa dorchadas – bhí an saighdiúir marbh le 600 bliain!

mummies Ní gá dul ar thuras go Pirimidí na hÉigipte chun *seargáin* a fheiceáil, mar sin go díreach a bhí os mo chomhair sna *crypts luscaí* faoi bhun Theampall Naomh Michan, ar bhruach na Life i mBaile Átha Cliath.

Is iomaí cúis atá ann le dul ar cuairt chuig Teampall Naomh Michan. Taispeánfar duit na seansoithí airgid agus an t-orgán ar ar chleacht Händel an Meisias; an t-umar inar baisteadh Diúc Wellington fiú, agus na fuinneoga áille daite a cuireadh isteach nuair a scriosadh na seanchinn sa Chogadh Cathartha i 1922. Ach ní ar na nithe sin is mó a bheidh d'aire.

An gnáthchuairteoir a théann go dtí an teampall ní chun na hiontais sin a fheiceáil a théann sé ann. Bíonn sé ar bís an chuid sin den turas a chur de agus an treoraí a leanúint síos na céimeanna géara faoi thalamh go dtí na luscaí.

Pasáiste fada dorcha a fhaigheann sé os a chomhair agus ar deis agus ar clé uaidh sin seomraí na marbh ina bhfuil an bailiúchán seargán is cáiliúla in Éirinn.

Níl na cónraí curtha i gcré anseo ach iad ina luí timpeall ar an urlár agus, ceal spáis ina lán áiteanna, iad carntha in

airde ar bharr a chéile. Tá cuid acu gan clúdaigh ar bith agus siúd iad na mairbh ag stánadh amach ort, agus ní cnámha amháin atá i gceist agam ach craiceann freisin, bíodh is go bhfuil sé sin cróndubh le haois.

Lobhann corp de ghnáth tar éis dó a bheith ina luí tamall – pé acu é a bheith curtha nó gan a bheith. Ach níor tharla sé sin i gcás na gcorp i dTeampall Naomh Michan. Cén fáth? Meastar go bhfuil baint aige le tirimeacht an aeir ann. Is fíor, freisin, nach n-athraíonn an teocht sna luscaí riamh. Caomhnaíonn an dá rud sin na coirp.

Tá corp mná rialta i gceann de na luscaí. Tá a craiceann crua ar nós leathair agus tá a hingne fós ar a méara. Oibríonn ailt na nglún ar na seargáin fós agus tá an croí agus na scamhóga le rianú faoin gcraiceann.

Tá corp fir aird ann a ndeirtear faoi gur saighdiúir sna Crosáidí a bhí ann, an duine céanna ar chroith mise lámh leis. Ach is oth liom a rá nach mbeidh an pléisiúr céanna agatsa, mar cuireadh é in aithne domsa tamall de bhlianta ó shin agus ní thugtar cead don phobal baint leis na coirp a thuilleadh. Tá siad fós ar taispeáint, ar ndóigh.

vandalism Níl teach seo na marbh saor ó *loitiméireacht*, faraor! Briseadh isteach sna luscaí cúpla uair i gcaitheamh na mblianta. Ag lorg nithe luachmhara saolta a thug na mairbh leo isteach sa tuama, ar ndóigh, a bhí na daoine a rinne an tsacrailéid sin. Ní bhfuarthas feoirling riamh áfach, fiú nuair a tugadh faoin gcónra ina bhfuil duine de na daoine ba shaibhre in Éirinn lena linn, Tiarna Liatroma, a cuireadh anseo tar éis do scata dá thionóntaí ionsaí armtha a dhéanamh air agus é a mharú san aois seo caite.

Cailleadh bean shaibhir uair amháin. Bhí fáinne pósta an-chostasach ar a méar go dtí uair a báis. Nuair a rinneadh iarracht ar é a bhaint di ní bhogfadh sé. Bhí sé chomh fada sin uirthi gan baint di go raibh a méar tar éis at agus bhí an fáinne teanntaithe. Shocraigh a fear ar é a fhágáil uirthi, bhí sí chomh tugtha sin don chomhartha dílseachta agus í ina beatha.

Cuireadh isteach i dtuama a muintire an oíche sin í in éindí leis na glúine dá sinsir agus d'fhág a gaolta slán aici.

Fuair scata de na leaideanna logánta gaoth an fhocail. An oíche sin bhris beirt acu isteach sa lusca agus d'oscail an chónra. Theip orthu sin an tseoid a bhogadh freisin agus níor leasc leo scian a tharraing chucu féin ansin agus chuir chun oibre ar mhéar an chorpáin, ag iarraidh méar agus fáinne a bhreith leo.

Bhí an scian ag gabháil don chnámh ar feadh tamaillín nuair a phreab an marbhán aniar agus d'oscail a súile! Ní nach ionadh thug na bithiúnaigh do na boinn é.

Ní marbh a bhí an bhean ach gan aithne gan urlabhra, agus mhúscail an phian ina méar í. Deirtear go raibh a fear chomh buíoch sin den bheirt gur fhógair sé luach saothair airgid a bheith ar fáil dóibh. Níor lorg aon duine riamh é.

Tá Teampall Naomh Michan ar *Shráid an tSeanteampaill*, *Church St.* Baile Átha Cliath, taobh thiar de na Ceithre Cúirteanna. Lárionad an dlí san Ard-Chathair an ceantar seo. Níl seanteach cúirte *Shráid na Faiche* rófhada ó bhaile. *Green St.*

Tá scéal a bhaineann leis an láthair sin freisin a thugann le fios go raibh muintir Bhaile Átha Cliath riamh anall tugtha don fhiosracht mhífholláin. San am a gcrochtaí coirpigh – in amanna ar an ábhar ba lú – is go poiblí, ar feadh i bhfad, a dhéantaí an gníomh.

Bhí tábhairneoir amháin a raibh a theach ósta gar do Shráid na Faiche a bhíodh i gcónaí i láthair ag na seónna seo. Nuair a ghearrtaí an *truán* anuas den chroch thugadh *wretch* sé leis a chuimhneachán ar an lá – an rópa a thacht an coirpeach.

Bhí bailiúchán díobh aige ina theach tábhairne. Ní fios ar bhailigh sé iad chun toradh a ngnó a chur i gcuimhne don lucht dlí a thaithíodh an teach tábhairne, nó an ndéanadh sé é le scéin a chur i gcroí daoine uirísle chun iad a chur ar bhóthar a leasa.

Bíonn Teampall Naomh Michan ar oscailt don phobal mórán gach uile lá. Dála an scéil, má théann tú ann, tá rudaí beo leis ann, ina measc an damhán alla is mó ar domhan, deirtear, agus tá sé de nós aige titim anuas ar bhall den phobal ó am go ham . . . . .

Cá bhfaightear an fhalcóg mhór?

Ceist chleasach a bhfuil an-dúil ag quizmháistrí inti is ea 'Cá bhfaightear an t-éan, an Fhalcóg Mhór, in Éirinn?' *Zoology* Agus an freagra? 'I Músaem na *Míoleolaíochta* i gColáiste na Tríonóide – sampla stuifeáilte!'

Is é fírinne an scéil, monuar, go bhfuil an Fhalcóg Mhór *species* imithe in éag mar *speiceas* le céad a caoga bliain, geall leis. Mhaireadh sí ina mílte timpeall chóstaí an Atlantaigh Thuaidh agus thángthas ar chnámha léi ina lán áiteanna in Éirinn cois cósta, ar nós Phort Láirge, Dhún na nGall agus Mhaigh Eo.

Bhí an fhalcóg an-cheansa mar éan agus bhí de mhíbhuntáiste aici nach raibh sí in ann eitilt ná rith níos tapúla ná d'fhéadfadh daoine rith. Rugadh orthu ina mílte agus maraíodh iad. Bhí an fheoil blasta, deirtear, agus d'ití iad go forleathan. Bhaintí a gcleití le haghaidh adhairteanna leapa agus dhóití a gcuid gréisce i lampaí.

Faoi thríochaidí an chéid seo caite bhí an fhalcóg beagnach imithe. Rugadh ar cheann acu i bPort Láirge i mí na Bealtaine 1834 agus d'fhan sí beo i ngéibheann ar feadh *St. Kilda* cúpla mí. Tá tuairiscí ann go bhfacthas cuid acu ar *Hiort* thart ar 1840 ach ceithre bliana ina dhiaidh sin bhí an speiceas imithe in éag, nuair a maraíodh an dá cheann dheireanacha san Íoslainn.

Is é an sampla i gColáiste na Tríonóide an t-éan a maraíodh i bPort Láirge. Tháinig sé i seilbh dochtúra agus éaneolaí darbh ainm R. J. Burkitt, a chaomhnaigh é agus a bhronn ar an gcoláiste é. Sampla spéisiúil é mar is éan óg é agus, ar nós a lán éan, tá sé difriúil ó thaobh dathanna de

leis an éan lánfhásta. Is é an t-aon sampla amháin d'fhalcóg
mhór óg ar domhan é.

Éan eile nach raibh saoirse an aeir aige ba ea an Dódó,
agus má theastaíonn uait ceann díobh sin a fheiceáil tá
Músaem an Dúlra i Sráid Mhuirfean i mBaile Átha Cliath
ar cheann de na fíorbheagán áiteanna ar domhan inar
féidir é sin a dhéanamh.

Buail isteach go dtí na háiléirí thuas staighre agus i gcás
gloine ansiúd feicfidh tú creatlach clúdaithe de cheann de

na héin is cáiliúla dár mhair riamh. Tá cáil ar an Dódó ar
an gcúis chéanna – nach ann dó a thuilleadh. Is ar *Oileán*
Mauritius *Mhuirís* san Aigéan Indiach a mhair an t-éan ramhar seo.
De bharr Oileán Mhuirís a bheith scartha amach ó Mhór-
Roinn na hAfraice níor shroich ainmhithe creiche – a
dhéanfadh foghail ar an Dódó – riamh é agus níor ghá dó
a chuid sciathán a úsáid.

Níor bhraith sé in easnamh iad go dtí gur shroich an
t-ainmhí creiche is díobhálaí dár shiúil an domhan seanda
man seo riamh an t-oileán, *Homo sapiens* féin, agus go háirithe
an cineál ba bhaolaí de – an fear geal Eorpach. Shroich
Eorpaigh an t-oileán díreach i dtús an 16ú haois agus taobh
istigh de sheasca bliain bhí deireadh leis an Dódó.

Sop in áit na scuaibe é creatlach gan anam i gcás gloine
in ionad an ainmhí bheo, ach tá an t-ádh linn an t-iarsma
féin a bheith againn. Níl ach fíorbheagán díobh ann agus
cnámh anseo agus cnámh ansiúd. San am a caitheadh níor
thuig daoine a luachmhaire ó thaobh na heolaíochta de is
a bhí na samplaí a bhí acu. Caitheadh sampla slán den
Dódó amach ar an tine chnámh tar éis glantacháin earraigh
in iarsmalann in Oxford san ochtú haois déag!

Ach más é an cine daonna ba chúis le hainmhithe a dhul
i léig sna haoiseanna a chuaigh romhainn tá an scéal seacht
n-oiread níos measa sa lá atá inniu ann. Bhí plandaí agus
ainmhithe i gcónaí ag dul in éag. Meastar gur imigh
speiceas amháin in éag in aghaidh an mhíle bliain ar feadh
na milliún bliain, ach de réir an Chiste Dhomhanda don
Dúlra tagann deireadh le réim tuairim is míle speiceas in
aghaidh na bliana anois.

Gníomhartha daoine is cúis leis an gcuid is mó den
díthiú seo. Ní féidir linne in Éirinn dearmad a dhéanamh
ar an dochar a rinne ár sinsir don fhalcóg mar tá na mílte
ainmhithe agus plandaí i mbaol sa tír seo faoi láthair.

Fear a bhfuil gean ar leith aige ar a bhfuil fágtha de

phortaigh na hÉireann is ea an Dr. David Bellamy. Insíonn sé scéal beag amháin a léiríonn an chinniúint atá i ndán do roinnt ainmhithe agus plandaí mura ndéanaimid beart. Tá planda ann ar a dtugtar *Luachair an Phollaigh* i ngaeilge. Tugadh an t-ainm Béarla air as an aon áit amháin sa Bhreathain in bhfuil sé ag fás, Móinteach Rainich i *Siorrachd Pheairt*, Albain. Thángthas air ag fás i bPollach, Co. Uíbh Fhailí agus is as sin an t-ainm Gaeilge. Shílfeá go ndéanfaí gach iarracht ar an bplanda seo a chaomhnú agus a chosaint ach, mo léan, draenáladh an portach agus fuair an luachair bás. *Rannoch-rush* *Perthshire*

Tá an bhuaf ar a dtugtar an *cnádán* an-ghann in Éirinn. *natterjack* Níl teacht air ach i limistéar an-chúng i gCiarraí, ach tá a cheantar dúchais faoi léigear ag galfairí atá ag iarraidh a gcúrsa a mhéadú.

Tá an cnádán tábhachtach, mar níl ach trí *dhébheathach* in *amphibian* Éirinn – an frog, an *t-earc sléibhe* agus an cnádán féin. Níl a *newt* fhios againn go cinnte an mbaineann an cnádán le hÉirinn ó dhúchas.

Tá scéal ann a deir gur éalaigh na cnádáin as long a tháinig i dtír gar don Daingean tráth. Is dearfa gur sa cheantar sin agus sa limistéar máguaird a fhaightear iad inniu. Is minic a thugtar 'froganna dubha' orthu ansiúd.

Speiceas a bhaineann le ceantar na Meánmhara go príomha atá sa chnádán. Tá seans ann mar sin gur shiúil sé go hÉirinn díreach i ndiaidh na hOighearaoise nuair a bhí talamh tirim idir an tír seo agus Sasana, agus idir Sasana agus an Mhór-Roinn. Ní miste a rá gur fearr leis an gcnádán siúl ná preabadh.

Seans má bhuaileann tú isteach i Músaem an Dúlra i gceann deich mbliana go dtabharfaidh tú aird ar leith ar an sampla den chnádán a bheidh ar taispeáint ann – an t-aon cheann amháin in Éirinn, beo nó marbh.

Fuinneog an bháis

Bhí Séamas Ó Loingsigh Mac Stiofáin buartha faoina mhac. *spirited* Ógánach oscailte *aigeanta* a bhí ann, d'admhaigh sé, ach bhí *revelling* sé teasaí freisin agus róthugtha don *ragairne*.

Bhí faitíos ar an athair go dtarraingeodh an mac míchlú ar onóir an teaghlaigh tráth a raibh ardghradam na cathrach bronnta ag a chomhshaoránaigh air – bhí Séamas Ó Loingsigh Mac Stiofáin ina mhéara ar Ghaillimh. Ba theaghlach ardghradaim iad na Loingsigh, ceann de threibheanna na Gaillimhe a raibh cumhacht agus údarás acu le fada an lá.

Bhí na smaointe sin ag teacht chuige anois mar ní raibh *colleague* ach lá amháin fágtha aige i dteach a *chomhghleacaí gnó* sa Spáinn, Señor Gomez, agus bhí plean ag borradh chuige a chuirfeadh ar a chumas dhá thrá a fhreastal.

Fad a bhí sé sa teach thug sé faoi deara go raibh aonmhac an cheannaí a raibh sé mar aoi aige, ina fhear óg stuama ciallmhar. Ach cuireadh a thabhairt do mhac Gomez teacht ar ais go Gaillimh agus cónaí ina theach, nascfadh sé níos dlúithe an cairdeas idir é féin agus a chomhghleacaí gnó sa Spáinn agus bheadh comrádaí ina theach do Uaitéir, a mhac, a d'imreodh dea-thionchar air.

Nuair a chuir an Loingseach a phlean os comhair Señor Gomez d'fháiltigh seisean go fonnmhar roimhe. Rachadh sé chun sochair dá mhac i gcúrsaí gnó dá mbeadh eolas ar theangacha aige. Rinne an Spáinneach óg a chuid ullmhúcháin láithreach agus bhí sé réidh chun taistil leis an Loingseach nuair a thug sé a aghaidh ar Éirinn an lá dár gcionn.

Ar ais i nGaillimh dó ba mhór an sásamh don Mhéara an

chaoi ar éirigh le Uaitéir agus leis an Spáinneach le chéile.
Ar éigean a chonaic sé iad ar feadh míosa bhídís amuigh le
chéile chomh minic sin. Ba shuairc pléisiúrtha mar a chaith
an bheirt a saol i nGaillimh. Bhí airgead ina bpócaí acu
agus ní raibh cúram dá laghad orthu.

Fear mór ban a bhí i Uaitéir agus le tamall roimhe sin bhí
gean a chroí tugtha aige d'ainnir darbh ainm Aignéis, iníon
d'fhear gnó de chuid na cathrach. Ar nós a lán fear a
scinneann ó bhean go bean ar nós féileacáin, d'éiligh
Uaitéir dílseacht iomlán ar a leannán.

Oíche dá raibh sé féin agus Gomez óg ar chóisir níorbh fhaillí dó a thabhairt faoi deara gur luigh súile Aignéise beagáinín rómhinic ar a chara nua, agus d'fhás amhras ina chroí mar gheall uirthi.

Rinneadh deimhin dá dhóigh, dar leis, an oíche ina dhiaidh sin nuair a chonaic sé an Spáinneach ag teacht amach as teach mhuintir Aignéise.

Bhí Gomez tar éis a bheith sa teach ar chuireadh ó athair Aignéise, fear a raibh Spáinnis ar a thoil aige agus ar bhreá leis a bheith ag cleachtadh na teanga.

An chéad oíche eile d'fhan Uaitéir ar cúlráid ag faire ar theach Aignéise. Tháinig Gomez ar cuairt ann arís. Ar theacht amach don ógánach Spáinneach as an teach roinnt uaireanta an chloig ina dhiaidh sin, d'fhéach Uaitéir timpeall féachaint an raibh aon duine i ngiorracht.

'A Uaitéir, amigo, ...' an t-aon chuid dá bheannacht a d'éirigh le Gomez a chur de mar sháigh a chomrádaí buile le miodóg sa chroí é.

Nuair a bhí an gníomh fealltach sin déanta aige chaith sé corp an Spáinnigh san fharraige agus chuaigh i bhfolach i gcoill in aice láimhe.

I rith na hoíche nuair a bhí seans aige machnamh ar a *emotional* *feeling* raibh déanta aige tháinig *tocht* aithrí ar Uaitéir. Bheartaigh sé é féin a chur i lámha údaráis na cathrach – sa chás seo a athair féin.

B'in é an duine ceannann céanna a tháinig amach as an gcathair agus slua mór de shaoránaigh na Gaillimhe leis ar thóir an dúnmharfóra. Bhíothas tar éis teacht ar chorp Gomez an mhaidin sin ar an gcladach i nGaillimh.

Ba bheag nár thit an t-anam as an Méara nuair a chonaic sé gurbh é a mhac féin a bhí ciontach.

Bhí alltacht ar na daoine óga, agus ar na mná i gcoitinne, nuair a nocht an fhírinne chucu – go raibh Uaitéir i mbaol

50

a bháis. Ba ghearr gur éirigh gáir ina measc, 'Saor é! Saor é!', ach thug a athair ar láimh é agus chaith i bpríosún é.

Bhí aos óg na cathrach *suaite* faoi seo agus nuair a scaip *troubled* an scéala go raibh an Loingseach óg daortha chun báis ag a athair d'éirigh an chuid eile den phobal corraithe chomh maith.

Ba ghá don Mhéara Ó Loingsigh airm a bhagairt sular scaip an daoscarshlua. Tháinig toscaireacht de mhaithe agus de mhóruaisle na cathrach chuige ansin ag iarraidh trócaire air dá mhac. Dúirt sé leo go raibh dualgas air an dlí a chur i bhfeidhm gan faitíos gan fabhar agus go raibh sé mar rún daingean aige é sin a dhéanamh.

Chuaigh Séamas go dtí an príosún an oíche sin agus dúirt sé lena mhac go gcuirfí chun báis an mhaidin dár gcionn é le breacadh an lae.

Le héirí na gréine d'oscail doras an phríosúin agus shiúil triúr fear amach i láthair an tslua. Méara na Gaillimhe ar thaobh amháin, sagart ar an taobh eile agus an Loingseach óg eatarthu.

Ach sular shroich sé fód an bháis bhí ag méadú ar mhíshuaimhneas an Mhéara. Bhí roinnt de na saighdiúirí a bhí in ainm is a bheith á ngardáil tar éis an Méara a thréigean agus dul trasna go taobh an phobail.

Chas an Méara ar a shála agus thionlaic a mhac ar ais go dtí a theach féin, áit ar chroch sé é ó fhuinneog a bhí ag gobadh amach os cionn na sráide.

Má théann tú go Gaillimh taispeánfar fuinneog an bháis duit gona chloigeann agus croschnámha agus an fógra scéiniúil:

Remember Deathe.

Vaniti of Vaniti and All is but Vaniti.

Tharla an eachtra sin timpeall na bliana 1495.

Arkle - ar luas lasrach

'Chuirfinns.e mo chuid airgid ar Ben Stack. Maidir leis an gceann eile d'fhéadfaí bara rotha a thiomáint idir a chosa deiridh!' Lig an bheirt fhear agus an bhean mhaorga gáire astu agus iad cromtha in aghaidh na gaoithe.

Bhí an triúr acu ag breathnú go grinn ar dhá each, buachaillí óga ar a ndroim. 'N'fheadar,' arsa an fear ba shine agus é ag leanacht an chapaill ab ábhar gáire dóibh lena shúile oilte. 'Níorbh é Archive, a athair, an capall ba mhisniúla dá bhfaca mé riamh agus é ina stail ach bhí mianach maith ann. Maidir lena mháthair, Bright Cherry, admhaím nach raibh inti ach láir ionraic don rás dhá *breeding* mhíle, ach bhí an *fholaíocht* inti.'

Bhreathnaigh an bhean mhaorga ar an dá chapall a bhí nuacheannaithe aici sular fhill sí ar chompord an tí. Ba é Ben Stack ba dhóichí a gheobhadh ar ais luach a cuid *gelding* airgid di. Cá bhfios faoin gceann eile, an *gearrán* a raibh beagáinín den mhístuaim ag baint leis. Bhaist sí an dá chapall as sléibhte gar dá heastát in Albain. Ben Stack a thug sí ar cheann amháin – agus Arkle ar an gceann eile. (Seans gur 'aireagal' is brí leis!)

Tharla an comhrá sin i gclós an traenálaí Tom Draper i gCo. Bhaile Átha Cliath i ndúluachair na bliana 1961 agus gan fhios acu go mbeadh Arkle ar an léimrásaí ba mhó cáil riamh.

Rugadh Arkle ar leathuair tar éis a trí ar maidin ar an 19ú Aibreán 1957 agus tógadh é ar fheirm Mary Baker san Aill, Co. Átha Cliath.

Tá feirmeoirí ar nós Mary Baker ag tógáil capall i ngach cearn d'Éirinn agus nuair a thagann an capall in aois bíonn sé in am é a dhíol le duine a mbeadh an t-airgead aige chun

52

é a chothú agus a thraenáil don ráschúrsa. B'in mar a tharla i gcás Arkle.

Cuireadh Arkle ar díol in Goff's i nDroichead na Dothra i mí Lúnasa 1960. An mhaidin a raibh Arkle ag fágáil an chlóis san Aill stoith Alison Baker, iníon Mary, cúpla ribe gruaige as eireaball an *bhromaigh* mar chomhartha áidh. *colt* Gach uile uair dár rith Arkle ina dhiaidh sin d'fháisc Mary Baker an *rón* ina lámh agus í ag breathnú ar an rás ar an *horsehair* teilifís.

Ba í Ann, Bandiúc Westminster, a bhí tar éis Arkle a cheannach. Bhí muintir Baker breá sásta leis an bpraghas, 1150 gine – níos mó ná mar a bhí siad ag súil leis.

Rith Arkle ina chéad rás sa Mhuileann gCearr i mí na Nollag 1961 agus tháinig sé sa tríú háit. Bhí an chuma ar an scéal go raibh an ceart ag an té a dúirt gurbh é Ben Stack agus nárbh é Arkle a shaothródh airgead don Bhandiúc. Bhí claonadh in Arkle a chloigeann a chasadh agus é ag glanadh na gclaíocha agus léim ró-ard a chaitheamh. Ach capall cliste a bhí in Arkle agus d'fhoghlaim sé go han-tapa. Faoi cheann bliana ní hamháin go raibh sé ag buachan rásaí ach ní raibh aon chapall in Éirinn a thiocfadh i bhfoisceacht scread asail dó. Bhí i Sasana, áfach. Sa bhliain 1963 ní raibh ach capall amháin arbh fhiú trácht air i Sasana. B'in é Mill House. Bhuaigh sé an Corn Óir ag Féile chlúiteach Cheltenham agus bhí gean an phobail i Sasana air – ba é rogha na coitiantachta thall gan dabht é. Ar nós a lán capall maith eile i Sasana rugadh agus tógadh in Éirinn é – ach traenáladh in Epsom é.

·B'fhada leis an bpobal thall is abhus go gcuirfí an dá shár-each seo in iomaíocht le chéile. Ach tharla sé sa Hennessy i Newbury i 1963 agus b'iomaí Éireannach a tháinig ón gcúrsa agus díomá air. Ní raibh dada idir an dá chapall go dtí gur tháinig siad go dtí an tríú claí ó bhaile. Ag tuirlingt dó shleamhnaigh Arkle, ach a bhuí le scil Phat Taaffe, an marcach cáiliúil, níor thit sé. Ach bhí Mill House rófhada chun tosaigh agus ní fhéadfadh Arkle breith air.

Bhí muinín fós ag a lucht leanúna dílis as Arkle. Bhí a fhios acu ina gcroí istigh go bhféadfadh sé an ceann ab fhearr a fháil ar Mill House. Ba é an rás ar son an Choirn Óir in Cheltenham i 1964 a sheans.

Bhí sneachta ag titim ar an gcúrsa cáiliúil faoi bhun na Cotswolds nuair a tháinig an ceithre chapall amach do thosach an ráis. Níor bhac ach beirt úinéirí eile le capaill a chur san iomaíocht.

overtook Scinn Mill House ar nós na gaoithe timpeall an chúrsa agus Arkle ar a shála; ach ag an dara claí ó bhaile *scoith* Arkle é. Nuair a chonaic Pat Taaffe marcach Mill House,

Willie Robinson, ag baint úsáide as a fhuip bhí a fhios aige go raibh an lá leis, mar níor buaileadh Mill House riamh ina shaol roimhe sin.

Bhain an liú molta a d'éirigh ó na hÉireannaigh – sagairt, feirmeoirí, tábhairneoirí agus *ruagairí reatha* – macalla as na *devil-may-cares* Cotswolds. Bhí spiorad Mill House briste agus níor thug sé aon trioblóid d'Arkle ina dhiaidh sin. Bhuaigh Arkle an Corn Óir arís i 1965 agus i 1966 agus fad páirce peile idir é féin agus na capaill a lean é.

Rith Arkle arís in Ascot i ndeireadh na bliana 1966 agus cé gur bhuaigh sé agus fad 15 chapall de bhreis aige tugadh faoi deara nach raibh sé i mbarr a mhaitheasa. Trí lá dhéag ina dhiaidh sin rith sé arís sa King George in Kempton ach i ngan fhios d'aon duine bhí cnámh briste i gceann dá chosa tosaigh ón rás roimhe sin.

Nuair a scaip an scéala nach raibh Arkle ar fónamh thosaigh cártaí ag teacht chuig a stábla ó gach cearn den domhan ag guí ratha air. Níorbh fhada go raibh seantaithí ag giollaí Arkle ar chuairteanna fhear an phoist agus é faoi ualach trom.

Ní raibh aon dea-scéala ann, áfach, do lucht na dea-mhéine; ní rithfeadh Arkle rás go deo arís. Chuir an tréadlia croíbhriste, Jimmy Kavanagh, chun suain é ar an 31ú Bealtaine 1970.

B'iomaí cúis a tugadh le luas Arkle a mhíniú: cuisle a chroí a bheith an-mhall, dar le roinnt, an chaoi a chrosáladh sé a chosa ar nós cú agus é ag léim, dar lena thuilleadh. Ach tá daoine eolacha eile ann a dhearbhaíonn gurbh é an Guinness a dhoirtí ar a bhrúitín gránach gach lá a chuir an luas lasrach ann!

Feicfidh tú Arkle, ní beo beathach monuar, ach ina chreatlach, má thugann tú cuairt ar Ghraí Náisiúnta na hÉireann i gContae Chill Dara.

55

An Mol Theas i gCiarraí!

'Stop an carr! Tá rud éigin cearr. Bhí a fhios agam go rabhamar ag dul ó dheas ach níor shíl mé go rabhamar imithe chomh fada sin. Féach!'

Baintear siar asat nuair a fheiceann tú 'The South Pole Inn' i litreacha móra os comhair an tí tábhairne amach. In Abhainn an Scáil, Co. Chiarraí, atá tú!

Ach ní gá a bheith buartha mar, dóibh siúd a thuigeann an scéal éachtach, míníonn ainm Thomas Crean os cionn dhoras an tí tábhairne gach rud. Tugann sé chun cuimhne ceann de na turais báid ba mhisniúla dá ndearnadh riamh, turas a bhain cáil amach do thriúr Éireannach, cáil dhomhanda i gcás amháin.

Rugadh Thomas Crean in Abhainn an Scáil sa bhliain 1877 agus bhain sé slí bheatha amach dó féin ina óige i gCabhlach na Breataine. Bhí féith na heachtraíochta go láidir ann agus chuaigh sé faoi dhó in éindí leis an gCaptaen Scott ag iarraidh an Mol Theas a bhaint amach. Is ar an dara turas a d'éag Scott agus triúr compánach ina bpuball i bhfad ó chabhair daoine.

Ré mhór na taiscéalaíochta a bhí ann. Ní raibh i ndán do Scott ach tragóid, áfach. Tar éis dó ullmhúchán na mblianta a dhéanamh thug sé a aghaidh ar an Mol Theas. Ar a bhealach ann dó fuair sé amach go raibh an tIoruach, Amundsen, tar éis an sprioc chéanna a chur roimhe. Bhí ina rás eatarthu.

Ba é an difríocht bhunúsach idir an bheirt fhear gur chuir Amundsen a mhuinín i huscaithe agus bhí Scott ag brath ar phónaithe. Dar le Scott, loic na huscaithe air cheana san Antartach ach is é fírinne an scéil é nach raibh an scil aige iad a láimhseáil i gceart.

Nuair a bhain Scott an Mol Theas amach tar éis cruatain mhóir bhí an bhratach Ioruach ar foluain ann roimhe. Fuair sé féin agus a bhuíon fear bás ar an mbealach ar ais.

Is ar thuras eile den chineál céanna a chuir Crean aithne ar Ernest Henry Shackleton. Rugadh Shackleton i gCo. Chill Dara in 1874. Ba bheag nár bhain sé féin an Mol Theas amach roimh aon fhear eile ar domhan sa bhliain 1907 nuair a thiomáin sé a chuid huscaithe agus sleamhnán i ngiorracht 97 míle don sprioc sin.

I 1915 chuir Shackleton roimhe an Mhór-Roinn Antartach a thrasnú ó thaobh go taobh – gníomh nach raibh déanta go dtí sin. Bhí ag éirí go maith le long Shackleton, an 'Endurance', a bealach a dhéanamh trí na farraigí contúirteacha ó dheas go dtí gur sáinníodh sa leac oighir dhomhain í i Muir Weddel. D'fhan sí greamaithe ansin ar feadh naoi mí agus ansin thosaigh sí ag briseadh ina smidiríní de bharr bhrú an oighir, ach thréig a criú 28 fear in am í agus lonnaigh siad ar an bpacoighear. Tar éis cúig mhí agus an t-oighear ag bogadh i gcónaí ó thuaidh thosaigh scoilteanna ag teacht sa phacoighear agus bhí orthu leas a bhaint as na trí bhád a tharrtháil siad as an 'Endurance'.

B'ábhar iontais dá fhoireann cá bhfuair Shackleton an fuinneamh éachtach agus an misneach dochloíte sna laethanta sin. Ar ócáid amháin go gearr tar éis dó éirí agus siúl amach as, scoilt an leac oighir a phuball ina dhá leath. Ar éigean a chodail sé i rith an ama agus ní raibh aon dabht ar a chuid fear ná gurbh é a cheannaireacht siúd a choinnigh beo iad.

Tar éis cruatain mhóir bhain siad amach Oileán Eilifinte, oileán nach raibh aon duine ina chónaí air, ach bhí sé anois bliain agus ráithe ó d'fhág siad a dtír féin agus a muintir agus ní raibh a fhios ag aon duine ar domhan cá raibh siad.

Mura ndéanfaí beart éigin d'fhéadfadh sé go bhfágfaí ar an oileán go deo iad. Ba ghá scéala a chur chuig daoine éigin chun go dtiocfaí i gcabhair orthu ach bhí an tSeoirsia Theas, an áit ba ghaire dóibh a raibh daoine, bhí sé 800 míle d'fharraigí fealltacha uathu.

Ach níor loic Shackleton agus chuir sé an bád ba mhó dá raibh acu as an 'Endurance', an 'James Caird', i dtreo, más féidir bád a thabhairt ar an tranglam boscaí, canbháis, clár adhmaid agus mar sin de a chaith siad ar bord mar chosaint ar an ngaoth fheannaideach agus ar an sáile.

Ba é seo an turas ba dheacra dá ndearna Shackleton riamh ina shaol agus bhí sé ar cheann de na turais farraige ba mhíorúiltí riamh.

I measc an chúigir a roghnaigh Shackleton le dul in éindí leis ar an 'James Caird' bhí Thomas Crean agus Gael eile, Timothy Macarty. D'fhág siad Oileán Eilifinte ar an 24ú Aibreán 1916. Ba bheag nár criogadh an bád beag i measc na gcnoc oighir an iliomad uair agus chaith siad tuairim is ceithre huaire an chloig gach lá ag *taoscadh* an uisce reoite *bailing* amach as an mbád.

Ar an gcúigiú lá déag chonaic siad seaga, éan nach n-eitlíonn níos mó ná fiche míle amach ón gcósta agus bhí a fhios acu ansin go raibh talamh na Seoirsia Theas gar dóibh. Is beag nár briseadh an 'James Caird' ina smidiríní ar na carraigeacha sa ghála fíochmhar sular bhain siad tír amach. Ar deireadh shroich siad stáisiún sealgaireachta míolta móra. Nuair a chuir Shackleton é féin in iúl don bhainisteoir shil an fear groí deora áthais – agus trua, ar fheiceáil droch-chaoi an díorma.

Ba bheag an mhoill a rinneadh ansin teacht i gcabhair ar na fir a bhí fágtha ar Oileán Eilifinte. Ach ba mhó an dainséar a bhí rompu nuair a d'fhill siad ar an ngnáthshaol; fuair go leor acu bás sa Chéad Chogadh Domhanda, ina measc Timothy Macarty.

D'fhreagair Shackleton glaoch an Antartaigh arís tar éis an chogaidh ach fuair sé bás de thaom croí ar bord loinge ar chósta na Seoirsia Theas i 1922. Tá sé curtha ar an oileán sin gar don Mhór-Roinn ab ansa leis.

Tá Thomas Crean curtha freisin gar don Mhol Theas – ach ní hé an ball doicheallach sin i bhfíoruachtar an domhain é ach an teach tábhairne den ainm sin a cheannaigh sé in Abhainn an Scáil, Co. Chiarraí.

Dineasár i gContae an Dúin

sledge-hammer
'A dhiabhail! Breathnaigh air seo!' arsa fear na piocóide lena chomrádaí. Leag seisean síos a *ord* agus shiúil trasna go dtí an bloc mór gaineamhchloiche a bhí á scoilteadh ag an bhfear eile ina leaca tiubha. 'Céard in ainm Dé.....?' ach gan a thuilleadh a rá bhí sé ar a ghogaide agus é ag cuimilt a mhéire ar an tsraith lorg ar dhromchla na leice a bhí mín i ngach áit eile.

'Lámh duine, tabharfaidh mé an leabhar, lorg láimhe!'

'Níl mise chun baint leis an leac sin a thuilleadh,' arsa an chéad fhear ag caitheamh a oird uaidh agus cúpla coiscéim siar á nglacadh aige.

quarry
Cuireadh fios ar an saoiste. D'ordaigh seisean stop a chur leis an obair sa chuid sin den *choiréal* go dtí go ndéanfaí scrúdú ar na loirg.

Cuireadh an-spéis sa cheantar sna 'loirg láimhe' a aimsíodh ar chloch faoi thalamh. Níorbh fhada gur shroich an scéal Cumann Míoleolaíochta Learphoill. Chomh luath is a fuair baill léannta an chumainn sin spléachadh ar na marcanna mistéireacha bhí a fhios acu céard a bhí aimsithe; níor lámha iad ach cosa, cosa ainmhí a raibh Chirotherium mammal mar ainm air. Shíl na fir léannta gur *sineach* a bhí san ainmhí seanda sin ach tá a fhios againne gur saghas dineasáir a bhí ann.

Bhí baill an chumainn deimhin dá dtuairim gur cosa Chirotherium a bhí ann. Bhí loirg den saghas céanna tar éis teacht chun solais cúig bliana roimhe sin in Hessburg na Gearmáine.

Ní raibh tuairim ag aon duine an uair úd go mbíodh

ollphéisteanna ar nós dineasár ag siúl an domhain ar feadh na milliún bliain. De bharr go raibh ceithre mhéar agus rud ar nós ordóige sa lorg a thug na heolaithe Chirotherium ar an gcineál seo – ainm a chiallaíonn 'ainmhí láimhe'.

Is eol dúinn gur imigh na dineasáir – na hainmhithe ba thábhachtaí ar domhan ar feadh 100 milliún bliain – in éag sách tobann 65 milliún bliain ó shin. Céard ba thrúig bháis dóibh? Ní lia duine ná tuairim. Chomh maith leis an teoiric is faiseanta faoi láthair gur bhuail mionphláinéad an domhan, luadh na tuairimí eile seo freisin i gcaitheamh na mblianta: gur ith siad an iomarca plandaí a raibh nimh iontu; gur ith sinigh a gcuid uibheacha; gur athraigh an aimsir; gur mharaigh daoine beaga glasa i sásair eitilte iad; gur éirigh siad róthrom le cúpláil a dhéanamh; agus fiú go raibh siad chomh mór sin nach raibh go leor spáis ag Naoi san Áirc dóibh!

An raibh dineasáir in Éirinn riamh? Sular féidir an cheist sin a fhreagairt ní mór cuimhneamh air go bhfuil tír na hÉireann tar éis athrú go mór sna 65 milliún bliain ó chuaigh na dineasáir in éag. Má bhí na hollphéisteanna sin ag siúl gach baill d'Éirinn tráth, seans go bhfuil formhór na fianaise orthu scriosta anois. Is beag den chailc, a bhí ag clúdach na hÉireann tráth, atá fágtha. Ach féach go bhfuarthas cnámh dineasáir, Scelidosaurus, ar chósta Aontroma. Ceapann na heolaithe go mb'fhéidir go bhfaighfear a thuilleadh sa chailc atá folaithe ansiúd faoin mbasalt. Ach fillimis ar an Chirotherium.

Ní raibh tír na hÉireann os cionn na farraige i gcónaí sa tréimhse 100 milliún bliain a raibh na dineasáir beo. Dá *record* bharr sin agus ar chúiseanna eile tá bearnaí móra sa *taifead* iarsmaí chomh fada is a bhaineann sé le hÉirinn.

Nuair a chuimhnítear ar na hathruithe ar fad a tháinig ar dhromchla ársa na hÉireann in imeacht na milliún bliain is mór an t-ionadh gur fhan loirg Chirotherium sa charraig go dtí an lá atá inniu ann, ach d'fhan. Mar is i Screabach, Co. an Dúin, a aimsíodh loirg Chirotherium.

Cuimhnigh nach raibh aon eolas ar dhineasáir nuair a aimsíodh loirg i Storeton i Sasana i dtosach. Níor cuireadh ainm ar a leithéid d'ainmhí go dtí 1842 nuair a bhaist an geolaí Sasanach, Richard Owen, an t-ainm sin ar na péisteanna móra a raibh a gcnámha tar éis teacht chun solais san idirlinn.

Ach cén saghas ainmhí a bhí sa Chirotherium, an t-aon dineasár a bhfuilimid dearfa faoi a shiúil talamh na hÉireann, agus conas a tharla sé gur fhág sé loirg a chos ina dhiaidh?

Níor réitíodh an chéad cheist sin go dtí fichidí na haoise seo. Ba í an mhéar mhór a ghob amach ón gcos a chuir *mearbhall* ar dhaoine agus faoi deara an tuairim a bhí acu *confusion* gur lámh duine a bhí ann. Tháinig saineolaithe ar ollphéisteanna eile ó shin a raibh an tréith chéanna ag baint leo.

Creatlaigh atá i gceist sna cásanna eile seo agus tar éis méid loirg an Chirotherium a chur i gcomparáid lena chol ceathracha a fuarthas in áiteanna eile ar fud an domhain tá tuairim mhaith anois ag geolaithe cén cruth a bhí ar an dineasár Éireannach.

Bhí sé cosúil le *laghairt* mhór agus eireaball fada thiar air, *lizard* ach sheasadh sé ar a cheithre chos agus d'ardaídís sin roinnt méadar as cionn talún é. D'fhéadfadh sé a bheith 5 mhéadar nó níos mó ar fad. Ach is ar a cheann a luífeadh do shúil, mar bhíodh lán béil d'fhiacla géara nimhneacha ann.

Dhá mhilliún bliain ó shin, nuair a bhí an Chirotherium anseo, bhí Éire ina gaineamhlach tirim ach bhí locha anseo is ansiúd. Chaitheadh an Chirotherium cuid dá chuid ama ar an talamh tirim agus an chuid eile sna lochanna. Ní foláir nó bhí loch acu sin i Screabach, Co. an Dúin, agus gur fhág ceann acu loirg a chos sa phuiteach ar a bhruach. In imeacht na milliún bliain rinneadh cloch as an ngaineamh agus nochtadh na loirg arís le himeacht aimsire.

Ag smaoineamh ar na fiacla sin arís, b'fhéidir go bhfuil an t-ádh linn nach maireann den Chirotherium ach a loirg.

Cá bhfuil Shergar?

'Taispeáin dúinn cá bhfuil an stail.'

stud B'aisteach an cheist í. *Graí* a bhí ann agus stail nó láir i ngach aon stábla dá raibh san áit. Ach thuig James *chief groom* Fitzpatrick, an *príomheachaire*, cad a bhí i gceist acu. Thug sé na fir díreach go dtí stábla Shergar.

Ní raibh fonn dá laghad air cluichí a imirt leo. Bhí púicíní orthu agus trí ghunna acu, meaisínghunna ceann acu.

Bhí Shergar ar cheann de na staileanna ba mhó cáil ar domhan. Sa bhliain 1981 bhuaigh sé Derby Shasana agus bearna 10 bhfad idir é féin agus aon chapall eile, an bhearna ab fhaide i stair an rása. Bhuaigh sé Derby an Scuabghill in Éirinn ina dhiaidh sin.

Bhí a úinéir, an tAga Khan, a cheannaigh é in Goff's i gCill, Co. Chill Dara, breá sásta leis. As sin amach chrom sé ar an tairbhe ba mhó a bhaint as trí tháille a ghearradh ar úinéirí a thabharfadh láracha chuige le go ndéanfadh sé *in foal* *torrach* iad. Bhí Shergar chomh luachmhar sin sa mhargadh gur dhíol an tAga Khan scaireanna ann.

Lena raibh gnóthaithe aige ar na ráschúrsaí agus an cháil a tháinig anuas chuige óna shinsear b'earra thar a bheith luachmhar é Shergar. Ba é Great Nephew a athair, stail a ghin Grundy, capall eile mór le rá agus 'leasdeartháir' Shergar. Ar thaobh a mháthar bhí sé gaolta le Val de Loire, a bhuaigh Derby na Fraince lena linn.

Bhí a fhios ag an Aga Khan dá ndíolfadh sé scaireanna sa chapall in Kentucky, ceanncheathrú na rásaíochta sna Stáit Aontaithe, go bhfaigheadh sé £30 milliún punt orthu. Ach theastaigh uaidh Shergar a choinneáil san Eoraip, áit a bhfuair sé £10 milliún punt ar na scaireanna.

Mar sin, nuair a thiomáin na fir armtha suas go graí an Aga Khan i gCo. Chill Dara ar 8.40 p.m. ar an 8ú Feabhra 1983 bhí a lán le cailleadh. Nuair a aimsíodh stábla Shergar tugadh amach é agus le cabhair oilte James Fitzgerald cuireadh isteach i mbosca capaill é.

'Isteach leatsa sa charr,' a d'ordaigh duine de na fir do Fitzgerald. Thiomáin siad ón ngraí go gasta. Ní fhillfeadh Shergar ar an ngraí go deo arís.

Scaoileadh Fitzgerald saor gar do Chill Choca ar a deich

a chlog an oíche sin. Sular scar sé lena fhuadaitheoirí insíodh dó go raibh siad ag éileamh £2 mhilliún punt cúitimh ar Shergar.

Nuair a chuaigh an scéal amach tháinig nuachtóirí an domhain go Co. Chill Dara ina gcéadta. Ní gá a rá go raibh uafás ar an Aga Khan agus ar na scairshealbhóirí eile.

Ní fhéadfaidís an milleán a chur ar lucht stiúrtha na graí. Bíonn slándáil dhian timpeall ar stáblaí ina mbíonn capaill rása mar gheall ar an mbaol a bhíonn ann go dtabharfaí drugaí dóibh. Ach níor bhac aon duine mórán, go dtí sin ar aon nós, lena leithéid a chur i bhfeidhm i ngraí.

Ní hé nár tharla sé riamh cheana gur fuadaíodh capall rása. Tógadh capaill san Iodáil agus in Kentucky sna seachtóidí agus sa dá chás sin fuarthas iad araon slán sábháilte. I gcás na hIodáile bhí sceimhlitheoirí i gceist, ach fós níor íocadh pingin.

Bhí dóchas mór ag na húinéirí mar sin go dtiocfadh Shergar ar ais slán. Chreid siad nach ligfeadh a chroí d'aon Éireannach capall a mharú.

Ach ní raibh na Gardaí chomh dóchasach céanna. Cuireadh an cás i lámha an Cheannfoirt James Murphy. Ní fhéadfadh lucht nuachta dóthain a chloisteáil uaidh lena hata 'trilby' agus a thuin láidir intíre.

Ach taobh thiar den chuma ghreannmhar sin bhí póilín oilte cumasach. Ba eisean a ghabh Rose Dugdale tar éis ghoid na bpictiúr, arbh fhiú £8 milliún iad, as Teach Russborough in 1975. Ba é freisin a d'aimsigh Marion Coyle agus Eddie Gallagher in éindí leis an tionsclóir fuadaithe Tiede Herrema.

Faoi cheann cúpla lá thosaigh teachtaireachtaí teileafóin ag teacht ó na fuadaitheoirí ag éileamh an airgid fhuascailte. Ach bhí na scaireanna i seilbh 35 sealbhóirí i 10 dtír agus bhí sé an-deacair teagmháil leo ar fad go sciobtha. Chomh maith leis sin ba léir nach ar aon fhocal a bhí siad. Bhí cuid acu i bhfabhar an t-airgead a íoc, cuid eile díobh glan ina choinne.

Is cosúil go ndearna gach aon chancrán, áilteoir agus buachaill báire sa tír teagmháil leis an ngraí. Dúirt cuid acu go bhfaca siad Shergar ina gcuid brionglóidí, bean amháin ina measc a raibh cuma na fírinne ar an gcur síos a thug sí ar an stail. Ach nuair a fiosraíodh a scéal a thuilleadh d'admhaigh sí gurbh ar an gclár teilifíse, Dallas, a chonaic sí an capall!

D'éirigh le bob amháin a buaileadh ar an húinéirí agus íocadh £80,000 le duine anaithnid trí fheirmeoir i gCo. an Chláir. Ní raibh an feirmeoir páirteach sa chaimiléireacht ach ní bhfuarthas Shergar.

Go deimhin ní bhfuarthas Shergar riamh, in ainneoin na tréaniarrachta a rinne an Ceannfort Murphy. Is cinnte anois gur marbh atá an stail chlúiteach. Tá seans ann go bhfuair sé bás go gairid tar éis a fhuadaithe trí thimpiste nó trí dhrochláimhseáil – é sin nó gur maraíodh é.

Is dócha nach bhfaighfear amach go deo anois cad d'imigh ar Shergar. Ach go dtí go bhfaighfear é, beo nó marbh, seasfaidh an mhistéir mhór – cá bhfuil Shergar?

Réabóirí reilige

'Céard é sin, príosún?'

'Ní hea, sin Reilig Ghlas Naíon!'

Ní haon iontas go ndéanfá botún, mar timpeall ar an reilig cháiliúil sin tá balla ard agus túir, agus ón gcuma dhaingean atá orthu bheifeá ag súil le gardaí armtha ag *prisoner* fanacht le scaoileadh le *cime* ar bith a mbeadh sé de mhisneach aige iarracht a dhéanamh a shaoirse a bhaint amach.

Cén fáth a bhfuil an balla agus na túir ann? Ní féidir lena bhfuil istigh éalú, agus ní fonn rómhór a bhíonn ar a mbíonn taobh amuigh dul isteach ann.

De ghnáth seachnaíonn daoine reiligí istoíche ach san am a caitheadh bhí dream amháin a ghnáthaíodh iad ar *odious* mhaithe lena n-obair *ghráiniúil* féin. B'in iad na réabóirí reilige – fir a thochlaíodh coirp nuachurtha aníos as a n-uaigheanna le hiad a sholáthar do mhic léinn leighis!

Tá sé de nós ag daoine tuisceanacha áirithe sa lá atá inniu ann a gcorp a fhágáil ag lucht leighis le haghaidh teagaisc agus taighde. Ní hamhlaidh a bhí dhá chéad bliain ó shin. Bhí méadú mór ag teacht ar scoileanna leighis ach ní raibh go leor corp ar fáil le mic léinn a theagasc. Áit a mbíonn bearna sa mhargadh líontar í.

Chomh fada siar le 1542, i réimeas Anraí VIII, ritheadh Acht Parlaiminte a chuir ceithre chorp ar fáil in aghaidh na bliana do mháinlianna ar mhaithe le taighde. Ach faoi theacht an 18ú haois níor leor sin.

Coirp daoine a bheadh curtha chun báis a bhí i gceist agus breathnaíodh air mar chuid den phionós a chuirtí orthu. Tá aiséirí na colainne ina dhlúthchuid den Chreideamh Críostaí. Cad a tharlóidh ar Lá Philib an

Chleite nuair a shéidfear an stoc agus gan do cholainn a bheith ann le haiséirí?

In amanna ba iad na mic léinn féin a ghoideadh coirp as an gcill. Ba ghearr gur thosaigh díormaí fear ag glacadh an ghnó chucu féin mar ghairm bheatha. Ar mhaithe leis an airgead a bhí siad seo ag obair agus bhí siad i bhfad níos míthrócairí i mbun gnó ná na mic léinn.

Is minic a d'fhanadh duine de na réabóirí reilige sa reilig ar feadh an lae ag faire cá háit a mbíodh coirp úra á gcur. Thagadh sé ar ais ansin faoi choim na hoíche in éindí lena chompánaigh chun an tochailt a dhéanamh.

In áiteanna bhí na reiligirí 'ceannaithe' acu agus nuair a bheadh gaolta an mharbháin imithe líonaidís an uaigh, ach d'fhéachaidís chuige go mbeidís ag tarraingt na cónra níos gaire don bharr an t-am go léir i dtreo gur beag stró a bheadh ar na réabóirí níos déanaí san oíche.

Is iomaí teicníc chliste a bhí acu chun corp a bhaint as uaigh. Ba ghá dóibh gan aon mhoill a dhéanamh agus corp a fháil sula lobhfadh sé agus a fhad is a bheadh an chré a bheadh ina luí anuas air scaoilte.

At times *Scaití* bhíodh sé éasca ceann caol na cónra a nochtadh agus tharraingídís an corp amach ansin le rópa a cheanglóidís timpeall ar na cosa. Nó dá mba rud é gurbh é an ceann leathan a nochtfaí chuiridís crúca faoi smig an choirp agus tharraingídís amach é sa chaoi sin. Ach bhíodh orthu a bheith cúramach. Dá ndéanfaí dochar don chorp ba lú an phingin a shaothróidís ag doras an choláiste leighis!

Ba ghráin leis an bpobal na réabóirí reilige. Ba leor an liú 'Sack 'em ups!', mar a thugtaí orthu, chun círéib a thosú ar shochraid.

Ba lú an meas a bhíodh ar mháinlianna ós iad sin a d'íocadh as na hearraí. Maraíodh mac le John T. Kirby, Camden Row Uachtarán Choláiste na Máinlianna, i gcíréib i *Rae Phort* fight *Chaeimhghin* i mBaile Átha Cliath i *mbruíon* idir réabóirí reilige a raibh seisean páirteach leo, agus an pobal, in 1823.

Sa bhliain 1805 gabhadh Christopher Dixon, póirtéir i Bully's Acre gColáiste na Máinlianna, sa reilig in *Acra an Bhulaí* i mBaile Átha Cliath agus é i mbun slada. Tumadh sa Life é.

Bhí an oiread sin corp á bhfuadach i dtús an chéid seo caite gur thosaigh maoir reiligí ag coinneáil cúnna fola agus ag tógáil ballaí arda chun na réabóirí a choinneáil amach.

Dhéanadh gaolta na marbh gach iarracht na coirp a choinneáil slán. Thógaidís bothanna i reiligí agus d'fhanaidís ag faire iontu istoíche go dtí go mbeadh an baol thart. Chuirtí coirp i gcónraí troma luaidhe nó iarainn agus chuirtí leaca móra ar an uaigh. Chuirtí freisin ráillí iarainn os cionn agus timpeall na huaighe. Tá cuid mhaith díobh sin le feiceáil i reiligí i mBaile Átha Cliath fós. Bhí 'speisialtóirí' fiú i measc na réabóirí. Bhainidís siúd na fiacla as coirp agus dhíolaidís iad ar airgead mór – suas le £100 in amanna – le lucht rachmais i Sasana. Is iomaí boc mór i Londain a nocht fiacla ó mharbhán Éireannach nuair a chuir sé *cár* air féin! *grin*

Tháinig deireadh tobann leis an ngnó scéiniúil sa bhliain 1832 nuair a tháinig dlí nua i bhfeidhm a leag síos fíneálacha móra ar fhuadach corp. Freisin cuireadh ar chumas daoine a gcorp a fhágáil ag lucht taighde dá ndeoin féin tar éis a mbáis.

Deirtear gur i nDún Éideann a tharla an eachtra seo. Bhí beirt réabóirí ag obair ar a ndícheall lena sluasaidí, ag teannadh ar chónra bheag linbh. 'Tá linn,' a ghlaoigh duine acu, ag nochtadh rud éigin go cúramach. Ba é an nath deireanach as a bhéal é. Bhuail sé buille ar an ní éiginnte a bhí aimsithe aige féachaint an adhmad a bhí ann. Búm!! Suas san aer leis an mbeirt acu. Bhí athair an linbh tar éis mianach talún a chur in éindí lena mhac muirneach.

71

Póg na beatha

Bhí an fear óg díreach ar tí dul isteach sa bhád a bhí ceangailte ar bhruach na habhann sa dorchadas. Go gunwale deimhin bhí leathchos leis thar *ghunail* isteach aige. Go tobann thit sé agus d'éirigh rírá callánach ó na fir ghorma a bhí á thionlacan, gach duine acu ag iarraidh dul i bhfolach. Ach níor éirigh leo ar fad, thit duine nó beirt acu agus scréacha uafásacha astu.

Don té a d'fheicfeadh an radharc chuirfeadh sé iontas air cad a bhí ag leagan na bhfear chomh tiubh agus chomh *wretches* ciúin sin, ach bhí a fhios go maith ag na *truáin* a bhí faoi ionsaí, agus bhí scéin ina gcroí - bhí saigheada nimhe á radadh leo ón taobh eile den abhainn.

Ba é William Grant Stairs, innealtóir Ceanadach, an té a bhí ag dul isteach sa bhád. I bhfaiteadh na súl bhí cabhair lena thaobh. Rith an máinlia, Parke, chuige agus tharraing é lasmuigh de raon na bhfear a bhí á n-ionsaí.

Níor ghá ach sracfhéachaint amháin ar Stairs agus bhí a fhios ag an dochtúir go raibh sé i mbaol a bháis. Bhí an tsaighead, agus í smeartha le nimh, tar éis lonnú go domhain i gcliabh a charad, gar dá chroí.

Ba ghá gníomh tapa. Tar éis a bhuailte leis an tsaighead bhí Stairs tar éis í a bhriseadh lena lámh sa chaoi nach raibh go leor di fágtha le go bhféadfadh Parke í bhaint amach.

Láithreach bonn chrom Parke anuas le colainn an duine shínte agus chuir a bhéal leis an gcréacht agus thosaigh á shú. Mhothaigh sé blas géar na nimhe ina bhéal. Bhí a fhios aige nár bhaol dó fad is nár shlog sé í.

Nuair a bhraith sé go raibh iomlán na nimhe, nó an

chuid ba mhó di, bainte amach aige, scaoil sé as a bhéal í agus ghlan amach í le haigéad carbólach measctha le huisce.

Shábháil an gníomh cróga sin beatha Stairs. Má theastaíonn uait fianaise na heachtra a fheiceáil beo beathach os do chomhair, ní gá ach dul go Músaem an Dúlra i mBaile Átha Cliath. Agus tú ar do bhealach isteach nó amach as an músaem – tar éis duit an Dódó a fheiceáil b'fhéidir – feicfidh tú dealbh taobh amuigh, í glas le haois, d'fhear atá ina sheasamh agus é ag baint taca as a ghunna.

Ach má bhíonn sé de dhánacht ionat siúl trasna an fhéir agus an plionta a scrúdú, feicfidh tú Parke ar a chromadh anuas os cionn Stairs agus é ag sú na nimhe as a chréacht. Rugadh Thomas Heazle Parke i nDroim ar Snámh, Co. Liatroma, ar an 27ú Samhain 1858. Chuaigh sé le leigheas agus bhain sé cáilíocht amach mar mháinlia i mBaile Átha Cliath in 1878.

Liostáil sé in arm Shasana sa bhliain 1881 agus ghlac sé páirt sa trodaíocht in El Tell el Kebîr, san Éigipt, an bhliain dár gcionn. Chuaigh sé leis an arm céanna sin ar fheachtas míleata sna blianta 1884-85 go dtí an Níl, chun fóirthint ar Gordon a bhí faoi ionsaí.

Agus é i gCaireo in 1887 fuair sé scéala go raibh Henry Morton Stanley ag dul ar thuras fada go dtí croílár na hAfraice chun chomhghuaillí de chuid na Breataine, Emin Pasha, a shaoradh óna naimde.

explorer Bhí cáil mhór ar Stanley ag an am mar *thaiscéalaí*. Ba eisean a d'imigh ar thóir an Dr. Livingstone tar éis dó siúd dul ag taiscéaladh san Afraic in 1866 agus nár fhill sé. Tháinig sé suas le Livingstone in Ujiji sa bhliain 1871.

Le dúil san eachtraíocht a shocraigh Parke ar dhul in éindí le Stanley. Ní raibh arm na Breataine sásta a thuarastal a íoc leis fad a bheadh sé i mbun an fhiontair.

Thug an feachtas 3,000 míle é trí chroílár na hAfraice, ó chósta an iarthair go cósta an oirthir, de shiúl cos. Ba eisean an chéad Éireannach a thrasnaigh Mór-Roinn na hAfraice. Bhí an turas lán de chruatan agus in ainneoin scil Parke mar lia cailleadh os cionn 500 fear.

Gan trácht ar shaigheada nimhe, d'ionsaigh gach aon saghas galair iad – maláire, calar agus go leor eile nach raibh sé in ann ainm a chur orthu fiú. D'éirigh an bia gann, uair, agus bhí orthu cromadh ar a gcuid asal a mharú agus a ithe.

Thuig Stanley nach mbeadh rath ar a shluaíocht gan scil leighis Parke agus an cúram a rinne sé dá othair, chomh maith lena mhisneach pearsanta i mbéal an chruatain. Arsa an taiscéalaí cáiliúil mar gheall air, 'Ba é an duine ba chliste de lucht a ghairme san Afraic Mheánchriosach é'.

Sa leabhar a scríobh Parke mar gheall ar a chuid eachtraí san Afraic thug sé an-eolas do lucht leighis mar gheall ar na galair uafásacha úd. Ba bheag an staidéar a bhí déanta ag lianna Eorpacha orthu ag an am agus chuir siad fáilte mhór roimh eolas Parke.

Oíche amháin, tar éis lae fhada siúlóide tríd an dufair, chroch Parke a leaba luascáin de dhá chrann ar bhruach abhann. Nuair a dhúisigh sé an mhaidin dár gcionn bhí an t-ádh leis nach raibh fonn air léim as a leaba mar bhí sé os cionn lár na habhann. Bhí tuile tar éis teacht san abhainn i rith na hoíche!

I ndiaidh a gcuid cruatain ar fad baineadh preab as Parke agus a chomrádaithe. Ní raibh Emin Pasha ag iarraidh a gcuid cabhrach in aon chor agus dhiúltaigh sé filleadh leo – obair in aisce a bhí san fhiontar ar fad. Chuaigh a raibh fágtha den díorma abhaile in ísle brí.

Chuaigh a chuid eachtraíochta go mór i gcion ar phobal na hÉireann agus rinneadh laoch beag de nuair a tháinig sé abhaile. Bhí na Sasanaigh ag maíomh as a gcuid taiscéalaithe le fada an lá, agus bhí muintir na hAlban an-bhródúil as Livingstone – anois bhí Parke ag an hÉireannaigh.

Ní foláir nó *ghoill* an drochíde a fuair Parke ar a shláinte *affected* mar fuair sé bás go hóg de thaom croí in Albain in 1893. Cuireadh in Éirinn é agus nochtadh an dealbh de atá os comhair an Mhúsaeim cúpla bliain ina dhiaidh sin.

Master McGrath – ar nós na gaoithe

'Eighteen Sixty-Eight being the date of the year,
Those Waterloo sportsmen and more did appear
To gain the great prizes and bear them awa',
Never counting on Ireland and Master McGrath.'

Tá dealbh Arkle in Cheltenham, ach ar chrosaire taobh amuigh de bhaile Dhún Garbhán, Co. Phort Láirge, tá dealbh an-neamhghnách ar fad – dealbh de chú. Master McGrath an t-ainm a bhí ar an gcú sin agus deirtear nach raibh a shárú in Éirinn riamh.

Mar a deir an bailéad clúiteach, ba sa bhliain 1868 a bhain sé cáil amach dó féin an chéad uair. An bhliain sin bhí an comórtas le haghaidh na duaise ba mhó i gcúrsaí rásaí con, Corn Waterloo, le reáchtáil i mí na Nollag i Sasana.

Bhí na Sasanaigh an-bhródúil as a gcuid con agus cé go raibh tuairisc Master McGrath tar éis iad a shroicheadh ba bheag aird a thug siad air.

Ba le Tiarna Lorgan Master McGrath agus bhí traenálaí den scoth aige:

'On the twelfth of December, that day of renown,
McGrath and his trainer, they left Lurgan town,
John Walsh was the trainer, and soon they got o'er,
For the very next day they touched England's shore.'

Bhí na Sasanaigh chomh tarcaisneach sin mar gheall ar Master McGrath go ndeir an bailéad go bhfuair Tiarna *odds* Lorgan *corrlach* míle in aghaidh a haon ar a chú dubh – ach ní mór a mheabhrú go raibh lucht déanta na mbailéad tugtha don áibhéil.

76

Ba é Cock Robin rogha na coitiantachta sa rás ach tar éis
go leor castaí agus lúb cliste uaidh fuair an cú Éireannach
an ceann ab fhearr air agus bronnadh an corn air. Nuair a
shroich an scéal an Lorgain lasadh tinte cnámh ina onóir.

Ní mór cuimhneamh air gur rith con i ndiaidh giorriacha
atá i gceist anseo. Tá an dá dhearcadh ar an ngnó sin. Tá
dream amháin a deir gurb é nádúr na gcon rith i ndiaidh
ainmhithe beaga agus breith orthu agus nach mbíonn ach
ócáid chuige á cur ar fáil dóibh.

Ar an taobh eile, tá siad ann a deir gur fuilteach barbartha an caitheamh aimsire é agus cibé rud a thitfeadh amach go nádúrtha sa dúlra nach cóir do dhaoine é a eagrú ar mhaithe lena bpléisiúr claonta féin.

in olden times Bhí cáil mhór ar chúnna na hÉireann *anallód*. Shantaigh na Rómhánaigh iad agus ba bhronntanais mhórluacha iad acu siúd. Bhí cú ag fear darbh ainm Mac Dathó a raibh gach duine in Éirinn in éad leis mar gheall air. Bhíodh Ailbhe, mar a tugadh ar an gcú, as cosaint Laighean ar son a mháistir agus d'fhéadadh sé rith timpeall theorainn an Chúige go léir in aon lá amháin.

Bhí dúil mhór ag Fionn agus ag na Fianna san fhiach, ar ndóigh, agus cúnna cumasacha chuige acu, Bran, mar shampla, agus Sceolaing a bhí in ann breith ar ghéanna agus iad ag eitilt.

Bhí cú fíochmhar ag Naomh Caoimhín i nGleann dá Loch a raibh scéin chroí ar an diabhal féin roimhe! Tá cúnna le feiceáil ar na hArdchroiseanna agus i Leabhar Cheanannais, agus thugtaí Cú mar ainm ar a lán daoine.

Nuair a tháinig aimsir Chorn Waterloo timpeall arís an bhliain dár gcionn thaistil Master McGrath ar ais go Sasana chun a chlú a chosaint. An babhta seo bhí trí chú den scoth ag rith ina choinne – Lobelia agus Charming May ó Shasana agus Babat the Bowster ó Albain, a bhuaigh gach rás inar rith sé go dtí sin.

Níor éirigh leis an ngiorria ach cúpla orlach a choinneáil idir é féin agus na ceithre chú ar feadh an chomórtais seo. De réir mar a chas agus a lúb na cúnna ghnóthaigh siad pointe i ndiaidh pointe agus ba bheag a bhí eatarthu ag an deireadh.

Ba bheag nár tharla tubaiste don chú Éireannach de bharr é a bheith chomh tugtha sin don fhiach. Thum sé isteach in abhainn i ndiaidh an ghiorria agus is cinnte go mbáfaí é ach gur léim Éireannach darbh ainm Wilson isteach ina dhiaidh agus gur tharraing amach é. I ndeireadh báire thug Master McGrath an chraobh leis agus d'fhill sé ar Éirinn ina laoch náisiúnta.

Rith Master McGrath 37 rás ar fad agus níor buadh air ach aon uair amháin – b'in i gCorn Waterloo sa bhliain 1870. Ina dhiaidh sin *chinn* a úinéir go raibh sé in am dó an *decided* sos a bhí tuillte aige a thabhairt dó. As sin amach ní bheadh le déanamh aige ach coileáin chomh tapa leis féin a chur ar fáil.

Ach faoin mbliain 1871 bhí a thraenálaí den tuairim nach raibh Master McGrath, in ainneoin go raibh sé níos sine ná an gnáthchú rása um an dtaca sin, mórán níos moille ná mar a bhí sé nuair a bhí sé i mbarr a mhaitheasa. Bhí a shúil aige ar dhuais mhór. Níor éirigh le cú ar bith go dtí sin Corn Waterloo a bhuachan faoi thrí. D'áitigh sé ar Thiarna Lurgan ligean dó Master McGrath a chur isteach sa chomórtas uair amháin eile.

Bhí sé in aghaidh Sea Cover, an cú a bhuaigh an corn in 1870, agus sárchú a raibh Pretender mar ainm air, an babhta seo. Thaispeáin an seanchú Éireannach cúpla cleas do na coiléain *theanntásacha* agus fuair a chiall cheannaigh *audacious* an bua orthu agus bronnadh an corn air.

Bhí clú chomh mór sin anois ar Master McGrath gur tugadh i láthair Bhanríon Victoria é le go bhfeicfeadh sí é, ach níor scríobhadh síos an comhrá a tharla eatarthu!

Níor mhair Master McGrath i bhfad i ndiaidh an bhua ba mhó sin agus nuair a fuair sé bás cúpla bliain ina dhiaidh sin b'iomaí deoir a sileadh in Éirinn. Fágfaimid an focal deireanach ag cumadóir an bhailéid:

'We've seen many greyhounds that filled us with pride,
In the days that are gone, but it can't be denied
That the greatest and gamest the world ever saw
Was the champion of champions, old Master McGrath.'

Gadaíocht sa Chaisleán

'Imithe, a dhuine uasail. Tá na seoda imithe!'

'Céard?'

'Na seoda, tá siad imithe.'

'Taispeáin dom.'

King of Arms Lean Sir Arthur Vicars, *Mórmhaor Armais* Uladh, a shearbhónta, William Stivey, go Túr Bedford, áit a raibh an safe *taisceadán* ina gcoinnítí cuid de na hearraí ba luachmhaire in Éirinn.

Nuair a shroich Vicars an túr, chonaic sé go raibh doras an tseomra ar oscailt agus thug cúpla truslóg trasna an tseomra é. Ba leor sracfhéachaint amháin isteach sa taisceadán chun an méid a dúirt Stivey a dheimhniú – bhí Seoda Corónacha na hÉireann ar iarraidh.

'Ní féidir gurb é an rud céanna arís é,' an smaoineamh ba thúisce a rith le Vicars an mhaidin Shathairn sin, an 4ú lá d'Iúil 1907. Buaileadh bob air cheana sa chaoi sin ach cuireadh na seoda ar ais chuige tar éis cúpla lá. Ach an babhta seo bhí níos mó ná seoda an rí imithe, bhí seoda a mháthar féin, a choinníodh sé sa taisceadán, ar iarraidh freisin.

Dúirt Stivey go raibh doras an tseomra ina raibh an taisceadán ar oscailt nuair a chuaigh sé ann, ar ordú Vicars, collar chun *muince* óir a bhí ag na gaibhne a chur ar ais.

Cheap Vicars gurbh fhearr fios a chur ar na póilíní láithreach. Ní raibh i bhfad le dul mar bhí ceannáras na bpóilíní i mBaile Átha Cliath i ngaireacht 50 slat. Bhí príomhoifig Chonstáblacht Ríoga na hÉireann in aice láimhe freisin, chomh maith leis na húdaráis airm sa tír – bhí an ghadaíocht dhána tar éis titim amach i gCaisleán Bhaile Átha Cliath!

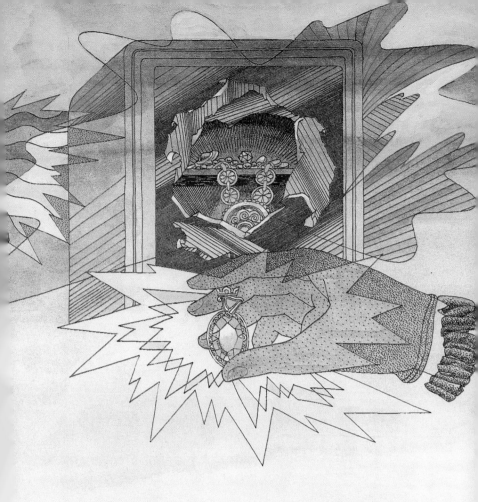

Níorbh fhada go raibh an scéal ag na nuachtáin agus níor
spáráil siad dúch ag tuairimíocht cé a thóg iad agus cá
raibh siad anois.

Ba dhona an tráth é do na húdaráis a leithéid a thitim
amach. Ar an gCéadaoin ina dhiaidh sin bhí rí Shasana,
Éadbhard VII, agus a bhean Alexandra, le seoladh isteach
go Dún Laoghaire, nó Kingstown mar a bhí air ag an am,
ar chuairt oifigiúil.

Bhí na nuachtáin lán de scéalta faoi bhithiúnaigh ó
Shasana agus ó áiteanna eile i gcéin a bheith i mBaile Átha

Cliath le haghaidh na cuairte. Is cinnte go raibh lucht pioctha pócaí agus mionchoirpigh eile timpeall, ach maidir leis an ngadaíocht mhór bhí na póilíní ar théad eile ar fad. Bhí gnéithe a bhain leis an ngadaíocht seo a bhí neamhghnách. Ar an gcéad dul síos dúirt na glasairí gur le heochair a osclaíodh an taisceadán agus nach ndearnadh aon fhórsáil air.

Chomh maith leis sin baineadh ceann de na seoda de ribín go cúramach, agus filleadh an páipéar ina raibh na seoda arís; ba léir go raibh neart ama ag an ngadaí.

Nuair a tháinig Éadbhard agus Alexandra i dtír bhí maithe agus móruaisle agus go leor den ghnáthphobal ann le fáilte a chur rompu. Bhí an rí lách cineálta le gach duine ach ina chroí istigh bhí fearg air toisc na gadaíochta.

D'fhógair na póilíní go raibh míle punt ar fáil don té a thabharfadh eolas dóibh a bhfaighfí na seoda ar ais dá bharr.

Níorbh fhada gur thosaigh scéalta ag teacht isteach ó dhaoine a mhaígh go bhfaca siad na seoda in áiteanna éagsúla i mbrionglóidí agus i bhfíseanna. Ar mholadh ó Iodálach mná chuaigh Vicars agus póilín ag tóraíocht na seod i reilig i Mullach Eadrad i gContae Átha Cliath. Ba mhór an scigmhagadh a rinne an preas den scéal sin ar ndóigh.

De réir mar a chuaigh na fiosruithe ar aghaidh d'éirigh Vicars amhrasach faoi dhuine amháin. Ba é Francis Shackleton, Aralt Bhaile Átha Cliath, an duine sin. Bhí Shackleton ina chónaí i dteach Vicars ag an am a tógadh na seoda, agus bhí fáil aige ar an heochracha.

Ba dhuine é Shackleton a bhí an-chaiteach le hairgead _pleasurable_ agus dúil aige sa saol *sóch*. Ba dhearthár é leis an taiscéalaí Artach, Ernest Shackleton, ach beirt ba neamhchosúla lena chéile ní fhéadfaí a shamhlú.

82

Thart ar an am a goideadh na seoda thosaigh éilimh ag teacht chuig Shackleton á iarraidh air airgead a fuair sé ar iasacht a íoc ar ais. Ba léir go raibh fiacha troma air.

Toradh eile a bhí ar an scéal gur iarradh ar Stivey agus ar Vicars éirí as oifig i mí Dheireadh Fómhair, 1907. D'éirigh Shackleton as oifig go gearr ina dhiaidh sin.

Leag fiosrúchán, a cuireadh ar bun ina dhiaidh sin, an milleán ar Vicars as a bheith *faillitheach*. Fuarthas amach *negligent* freisin de bharr an fhiosraithe, go ndeachaigh Vicars i mbannaí ar na seiceanna go léir a scríobh Shackleton; ní foláir nó bhí Mórmhaor Armais Uladh i gcruachás airgid freisin i 1907.

D'fhill Vicars ar a theach in Oileán Ciarraí. Rinne sé roinnt taighde *ginealais* ach chaith sé a dhúthracht go lá a *genealogy* bháis ag iarraidh a *neamhchiontacht* i ngoid na seod a *innocence* chruthú.

Chaith Shackleton saol de chineál eile ar fad. Bhí fadhbanna airgid de shíor aige agus i ndeireadh báire thug sé do na boinn é go dtí an Afraic Theas agus míle punt de chuid cailín óig a raibh sé mór léi ina phóca aige. Ghabh na póilíní é agus tugadh go Sasana é agus cuireadh téarma príosúnachta cúig mhí dhéag air.

Nuair a tháinig sé amach as an bpríosún d'athraigh sé a ainm agus fuair sé bás i ngan fhios don saol.

Bhí droch-chríoch i ndán do Vicars. Ar an 14ú Aibreán 1921 bhris fir armtha isteach ina theach in Oileán Ciarraí, dhóigh an teach go talamh agus mharaigh Vicars.

Ní bhfuarthas na Seoda Corónacha riamh. An raibh baint ag Vicars agus ag Shackleton leis an ngoid? Ní fios go dtí an lá inniu. Is cinnte go gcleachtadh an bheirt fhear comhluadar a mbeifí go mór in amhras air, agus in amanna thugtaí cuireadh do na daoine sin chuig cóisirí sa Chaisleán.

Tá an tuairim ann gur duine den dream sin a ghoid na seoda mar dhíoltas ar *neamart* éigin a rinne Vicars air, agus a fhios aige go mbeadh Vicars thíos leis.

neglect

Mistéir é nach bhfuarthas freagra air riamh. I measc na ndaoine a scríobh chuig Vicars ag tabhairt comhairle dó, go gearr tar éis na heachtra, bhí fear a bhí gaolta leis, Sir Arthur Conan Doyle. Ní raibh réiteach aige siúd fiú, agus ba é Conan Doyle an té a chruthaigh an bleachtaire cáiliúil, Sherlock Holmes!